U0689631

干常侍易注疏證稿鈔本二種

〔清〕方成珪 撰

經部

圖書在版編目(CIP)數據

干常侍易注疏證稿鈔本二種/(清)方成珪撰. —北京:中華書局,2025.6. —(温州大典).—ISBN 978-7-101-16831-0

Ⅰ.B221.2

中國國家版本館 CIP 數據核字第 20248XW240 號

責任編輯:葛洪春
文字編輯:楊延哲
裝幀設計:劉　麗
責任印製:陳麗娜

温州大典·歷代古籍編
干常侍易注疏證稿鈔本二種
〔清〕方成珪 撰
*
中 華 書 局 出 版 發 行
(北京市豐臺區太平橋西里 38 號　100073)
http://www.zhbc.com.cn
E-mail:zhbc@zhbc.com.cn
天津裕同印刷有限公司印刷
*
880×1230 毫米 1/16 · 18 印張 · 2 插頁
2025 年 6 月第 1 版　2025 年 6 月第 1 次印刷
定價:400.00 元

ISBN 978-7-101-16831-0

《温州大典》工作委員會

主　　任　張振豐

第一副主任　張文傑

副 主 任　陳應許　王彩蓮　黄陽栩

委　　員　市委辦公室、市政府辦公室、市委宣傳部、市委政研室、市委編辦、市委黨史研究室、市檔案館、市人大常委會教科文衛工委、市發展改革委、市經信局、市教育局、市民宗局、市民政局、市財政局、市自然資源和規劃局、市住建局、市水利局、市農業農村局、市文化廣電旅遊局、市數據局、市政協文化文史和學習委、市文聯、市社科聯、温州大學主要負責人，各縣（市、區）委宣傳部部長

辦公室主任　王彩蓮（兼）

辦公室常務副主任　朱啓來

辦公室副主任　曾偉　馬知遥　葉雪影

《温州大典》學術委員會

主　任　項　楚　金柏東

顧　問（按姓氏筆畫排序）

朱則傑　吴松弟　沈克成　周振鶴　馬忠文

陳增傑　張立文　張如元　張志清　張炳勳

黄顯功　黄靈庚　葉長海　潘悟雲　錢志熙

委　員（按姓氏筆畫排序）

王　宇　方韶毅　李新德　沈　迦　俞爲民

洪振寧　高啓新　陳光熙　陳瑞贊　張　侃

張　索　張聲和　黄瑞庚　葉　建　諸葛憶兵

潘猛補　盧禮陽

《温州大典》編纂委員會

主編　項　楚　金柏東

副主編　洪振寧　盧禮陽　方韶毅　陳瑞贊

編委（按姓氏筆畫排序）
王長明　沈　迦　徐佳貴　高啓新
張　侃　張　索　葉　建　潘猛補
潘德寶　謝作拳

編輯部主任　曾　偉　方韶毅

編輯部副主任　黄　凰　張啓林　金　盾

編輯部成員　吴蛟鵬　王　妍　蔡耀中　陳瑾淵
王長明　謝作拳　王　成　方長山
王　昉　亓　穎　李　尖　鄭静雯

《温州大典》歷代古籍編編纂人員

主　編　洪振寧　潘猛補

編　委　陳增傑　張如元　俞爲民　侯榮川　陳瑞贊
陳瑾淵　謝作拳　趙　丹　王　妍　王　昉

出版説明

温州是國家歷史文化名城，具有鮮明的區域文化特色。特别是宋代以後，人文鼎盛，人才輩出，所創造的文化典籍，成爲中華民族乃至人類文明的寶貴財富。

近代以來，温州鄉邦文獻經過幾次比較系統的整理，先後刊刻出版《永嘉叢書》《永嘉詩人祠堂叢刻》《敬鄉樓叢書》等地方文獻集成，加之永嘉區徵輯鄉先哲遺著委員會徵集抄繕鄉賢著作，温州文脈得以傳承和發揚。進入二十一世紀，《温州文獻叢書》《温州文獻叢刊》《温州市圖書館藏日記稿鈔本叢刊》以及樂清、蒼南、平陽、龍灣、瑞安、甌海等縣（市、區）的歷史文獻叢書陸續出版發行，温州地方文化的影響持續擴大。在此基礎上，二〇二一年十二月，温州市委、市政府啓動《温州大典》研究編纂工程。

《温州大典》是新時代文化温州建設的基礎性工程，也是浙江文化研究工程的重要組成部分，已被列爲浙江文化研究工程省市共建項目。《大典》收録歷代温州人（含寓賢）的著述、有關温州歷史文化的著述以及温州地區的出版物等，以一九四九年爲時間下限，以目前温州市的行政區域爲範圍，部分特殊文獻可適當放寬收録標準。《大典》以「梳理千年文脈，把握文化特質，感悟發展脈絡，增强海内外全體温州人的文化認同、情感互動和精神共鳴」爲宗旨，分七編集中呈現：

（一）歷代古籍編：搜集彙編温州歷代名著，按經、史、子、集、叢分類編排，力求再現各個時代温州文獻的原始面貌，使珍稀的孤本、善本化身千百。

（二）晚近書刊編：收録晚清民國時期出版的温州人著述、有關温州的著述，以及温州出版發行有一定影響和價值的報紙、期刊等，展示温州人在中國現代化進程中的社會面相及其在文化建設上取得的成果。

（三）文物圖像編：收録海内外藏重要温州文物（包括書法、繪畫、金石、雕塑、工藝品等）的圖像資料，呈現温州各個時代在物質文化方面的成就。

（四）檔案史料編：收録海内外公藏機構有關温州政治、社會、經濟、文化等方面的檔案，進行主題化整理，以系統保存温州歷史發展過程的細節。

（五）民間遺存編：選編温州民間現存珍稀族譜以及各類特色文書、宗教科儀書、唱本、日用雜書等文獻，以反映温州民間文化的多元性。

（六）要籍選刊編：選取歷代温州典籍中有代表性的，在中外學術史、文化史上産生重要影響的經典作品，進行深度整理。

（七）專題研究編：按照不同專題，組織專家學者對温州歷史文化的各個方面進行深入研究，以現代語言闡述温州歷史文化的深厚内涵。

歷代古籍、晚近書刊二編屬於基礎文獻，以影印方式出版；文物圖像、檔案史料、民間遺存三編爲彙編文獻，以影印方式爲主出版；要籍選刊、專題研究二編爲研究成果，以點校、論著等方式出版。同步進行數字化，建立《温州大典》數字典藏中心，方便廣大讀者查詢利用。

《温州大典》以兼具科學性、系統性、學術性、實用性、普及性爲目標，努力成爲新編地方文獻叢書的典範，成爲具有温州辨識度的標誌性文化成果。

《温州大典》編纂委員會

《温州大典·歷代古籍編》經部出版説明

經部系列收録《禮》類、《易》類、《書》類、《詩》類、《春秋》類、四書類、小學類等古籍著作七十餘部，爲《温州大典·歷代古籍編》的第一部分。小學類收録字書、韻書，論筆法者另編入子部。除温州學人著作外，亦酌收旅寓或宦遊諸賢之作。

經學，是古代中國文化的基礎。對傳統讀書人而言，經書代表修齊治平的根本之道。經學始於漢，宋代爲其重要的轉變期。温州經學即於此轉變期内孕育成熟，而以南宋永嘉學派成就最高。永嘉學派學者治經學，以「三禮」、《春秋》、《尚書》爲重點，貫穿着「經世致用」的主題，具有鮮明的學術品格與地方特色。數百年來，這一學術品格與地方特色不斷得以延續，形成了地域性傳統，成爲這個地方的「思想氣候」與「文化土壤」。

「禮」在古代，最廣義的用法是指一切制度規範。《禮》爲經世之大經，其作用是治理，落實到個人爲修身，延展到家族爲齊家，推之於國則爲治國、平天下。四庫館臣所謂「古聖王經世之道，莫切於禮」。永嘉學派學者「以經制言事功」，他們探究典章制度，大多從《周禮》、《禮記》等制度性資源中抉發「治」的精髓，爲當時的政治提供借鑒。對「禮」這一中國傳統文化核心思想的探討，温州學者用功頗鉅，成果亦豐。宋代温州學人的《禮》學著作，頗能代表宋代《禮》學的成就：王與之的《東巖周禮訂義》搜羅宏富，是宋代完整流傳至今的唯一一部集解體《周禮》學著作；鄭伯謙的《太平經國之書》有「會計」篇，專門研究周代會計制度，被譽爲我國古代第一部會計學著作；張淳的《儀禮識誤》開宋代全面校勘《儀禮》之先河。不僅如此，宋代温州的

《禮》學傳統延續至清代，出現了兩部集大成的巨著——《禮記集解》與《周禮正義》。孫希旦的《禮記集解》從義理詮釋《禮記》，代表了清代同類著作的水平。孫詒讓的《周禮正義》，被梁啓超譽爲「清代新疏之冠」。在《周禮》研究的基礎上，孫詒讓又撰寫了《周禮政要》，在晚清新政開始實施時提出一系列變法建議和改革思路，將温州經學「經世致用」的精神推向極致。

《春秋》、《尚書》記事記言，與《禮》經同樣具有實際踐行的意義，符合永嘉學派注重事功的特點，因而也備受青睞。在獨特學術取向的觀照下，温州學者的《易》、《詩》及四書類著述也能别開生面，尤其是小學類著作，極富創造性，往往能引領一時之風氣。元代温州塾師盧以緯的《語助》（又名《助語辭》）是中國第一部研究漢語虚詞的專著。清末孫詒讓的《契文舉例》，是我國最早研究甲骨文的專著；《名原》一書以甲骨文考證古文字，提出方法，創立體例，開闢了古文字學研究的新途徑，推動了古文字學的創立，學者因此稱孫詒讓是用科學手段研究古文字的第一人。

經部書系集中體現了古代温州學者的務實學風，有力見證了温州人精神的歷史根脈，突出彰顯了温州文化的地域特色，充分揭示了歷代温州學人對中國學術文化發展所作出的業績與貢獻。書系所用底本力求精善，其中宋刻本有二部，列入國家珍貴古籍名録的有十五部，列入浙江省珍貴古籍名録的有四部。對於慷慨提供珍貴底本的國内外各收藏單位，我們深表感謝！明代樂清學者侯廷訓等所撰《六禮纂要》六卷，吉林大學圖書館藏有嘉靖四年（一五二五）薛祖學刻本，列入第三批國家珍貴古籍名録，《温州大典》編輯部爲獲取該書底本多方努力，却終未如願，有待將來彌補。經部著作提要文稿均經主編或約請專家審定修改，敬請讀者批評教正。

《温州大典》編纂委員會

《干常侍易注疏證稿鈔本二種》提要

《干常侍易注疏證》一卷附《干常侍易注集證》一卷，清方成珪撰。稿本，温州市圖書館藏，二册，框高二十·四釐米，寬十二·五釐米。半葉九行，二十四字，小字雙行同。

清光緒七年玉海樓鈔本一卷附《干常侍易注集證》一卷，浙江大學圖書館藏，框高十七·一釐米，寬十一·九釐米，半葉十二行，二十四字，小字雙行同，小黑口，左右雙邊。

方成珪（一七八五—一八五〇），字國憲，號雪齋，瑞安人。少博覽群書，專研小學。入仕後，官俸所入，悉數購書，藏書數萬卷。清嘉慶十三年（一八〇八），鄉試中舉。二十二年（一八一七）考取内務府所屬景山官學漢文教習。道光二年（一八二二），任海寧州學正。六年（一八二六），兼海寧州訓導，繼任寧波府學教授。後因老病歸鄉，卒，享年六十六歲。方成珪中年後喜校書，著有《集韻考正》十卷、《字鑒校注》五卷、《韓集箋正》五卷、《唐摭言校正》十五卷、《干常侍易注疏證》一卷附《干常侍易注集證》一卷和《寶研齋吟草》二卷等。《清史列傳》卷六九有傳。

《干常侍易注疏證》書成于道光十七年（一八三七），是清中後期易學考據的重要成果。作者參考明樊維城刻《鹽邑志林》本、清盧見曾雅雨堂刻本和孫星衍《周易集解》、張惠言《易義别録》等諸家輯著，參互勾稽，詳徵細繹，對馬國翰輯本干寶《周易注》作了增補與完善，又附《干常侍易注集證》一卷，爲干氏易學的研究提供了方便。「此書爲吾鄉方雪齋教授所著，校釋精備，遠出諸集本之上。又以干氏《易》義本孟、京，以孟、京例校干詁，大較符合，别爲《集證》一卷，以廣其義。干書雖亡，得此足見其概矣。」（孫詒讓跋）此書采摭衆本，融貫古今，考釋精備，集衆家之大成，再現了干寶《周易注》之原貌。

光緒七年（一八八一）十月，孫詒讓訪得稿本，對其作了重新校正。「稿本藏教授曾孫中矩所，余從訪得，别録爲此册。手稿朱墨粈互，未爲定本。今以意審校理董之。《集證》尾葉，札爛文缺，未敢臆補，謹仍其舊。」（孫詒讓跋）另有清光緒七年玉海樓鈔本《干常侍易注疏證》一卷，孫詒讓朱筆批校并跋，鈐「經微室」印。

今據温州市圖書館藏稿本及浙江大學圖書館藏清光緒七年玉海樓鈔本影印，兩本均有孫詒讓校並跋。温圖藏稿本列入第二批國家珍貴古籍名録。另有中國國家圖書館藏清鈔本，《續修四庫全書》（第28册）據以影印收入。另有《敬鄉樓叢書》排印本。

（劉思文）

目録

稿本干常侍易注疏證

下經

鈔本干常侍易注疏證

下經

稿本干常侍易注疏證

◎

〔清〕方成珪 撰

據温州市圖書館藏稿本影印
原書版框高二十點四釐米寬
十二點五釐米

三

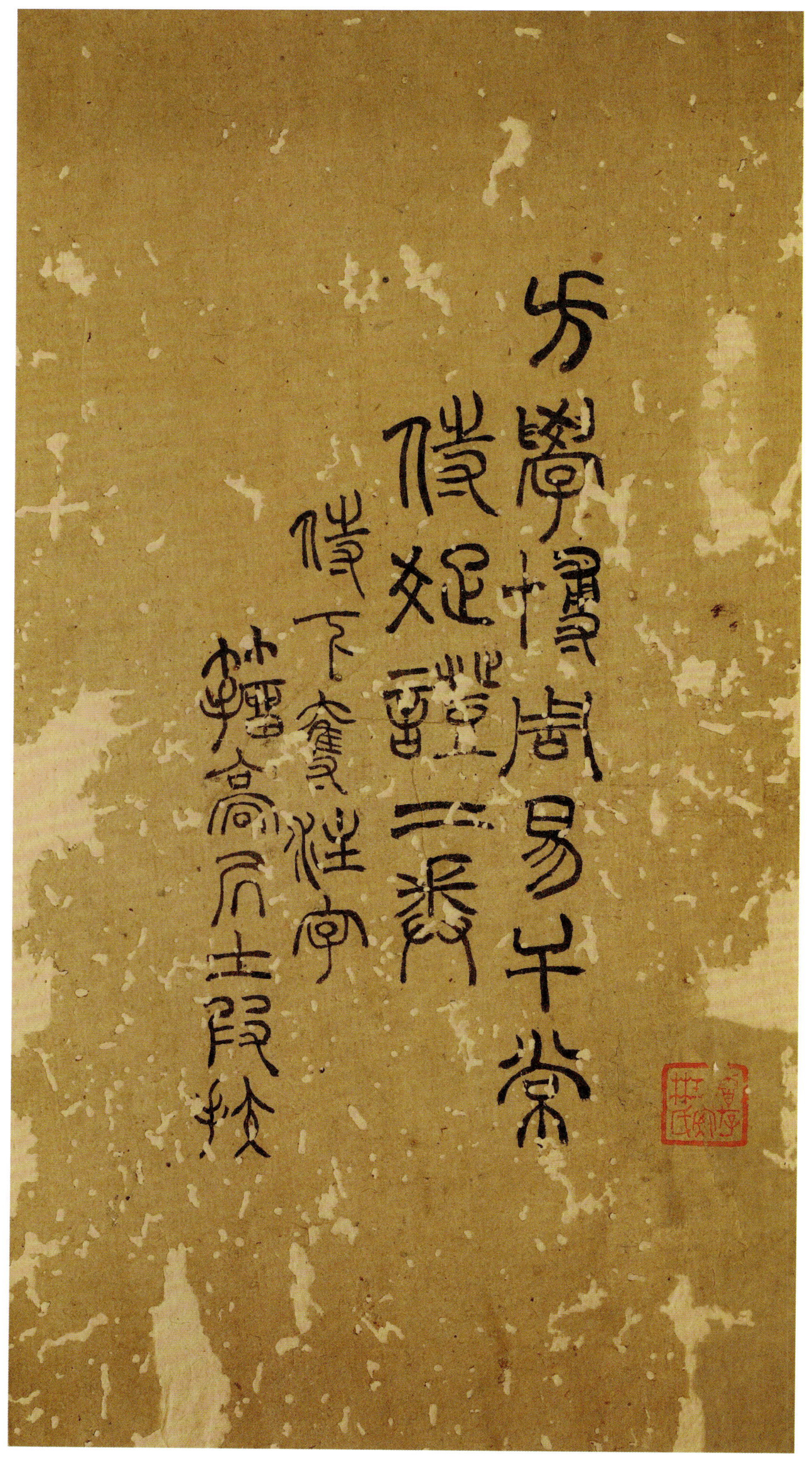

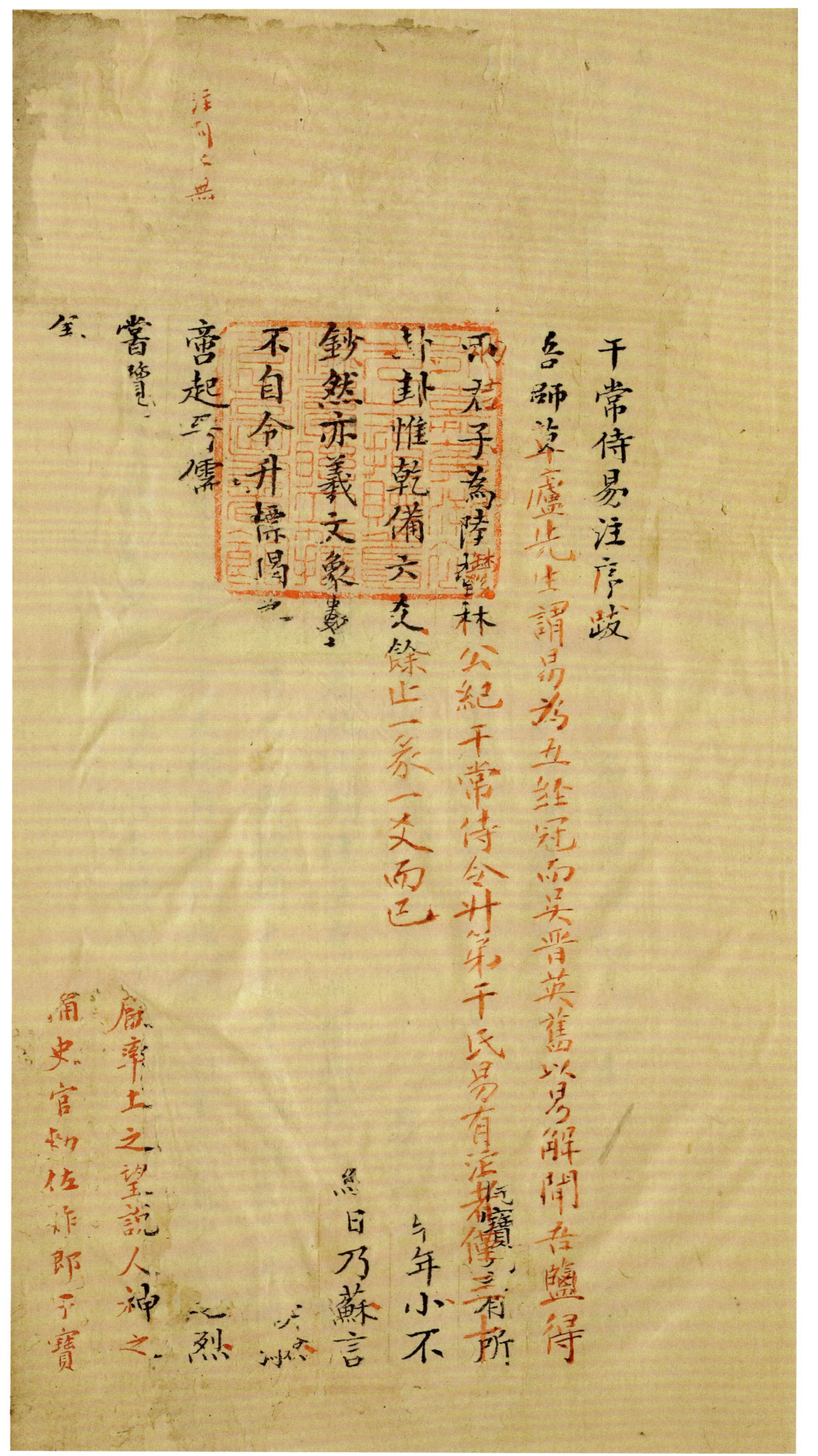
干常侍易注序跋
吾師莘盧先生謂易為五經冠而吴晋英舊以易解聞吾鹽得
而君子為陸鬱林公紀干常侍令升第干氏易有注者傳三有所
卦卦惟乾備六爻餘止一彖一爻而已
鈔然亦義文彖象
不自令升標揭
嘗起予儒
嘗鹽
全
年小不
日乃蘇言
烈
康莘土之望説人神之
簡史官勑佐作郎干寶
注刊之無

後借讀文淵閣書，康成注王輔嗣氏易略，兄李鼎祚干常侍易解作於武升新蔡人徙吳君史為散騎常侍補山具在志林必然

案今升未嘗仕吳其賜爵關內侯乃為建興三年事蓋自懷帝永嘉五年湘州民杜弢反陷長沙至是三陶侃破弢湘州平故令升以討功牽連而賜爵也且吳今侍江淮子得有關內侯之爵

宗干　干寶鎮由是

史以家貧求補山陰令散騎常侍著晉紀

能姥

古今神祇靈異人物變化名為搜神記凡二十卷以示劉惔惔
曰卿可謂鬼之董狐寶既博採異同遂混虛實因作序以陳其
志曰雖考先志於載籍收遺逸於當時蓋非一耳一目之所親
聞覩也亦安敢謂無失實者哉衛朔失國二傳互其所聞呂望
事周子長存其兩說若此比類往往有焉從此觀之聞見之難
一由來尚矣夫書赴告之定辭據國史之方策猶尚若茲況仰
述千載之前記殊俗之表綴片言於殘闕訪行事於故老將使
事不二迹言無異塗然後為信者固亦前史之所病然而國家
不廢注記之官學士不絕誦覽之業豈不以其所失者小所存

者大乎今之所集設有承於前載者則非余之罪也若使采訪
近世之事苟有虛錯願與先賢前儒分其譏謗及其著述
以明神道之不誣也群言百家不可勝覽耳目所受不可勝載
今粗取足以演八略之旨成其微說而已幸將來好事之士錄
其根體有以游心寓目而無尤焉寶又撰春秋左氏外傳注
周易周官凡數十篇及雜文集皆行於世

光緒辛巳八月依别寫本校補[illegible]缺字[illegible]寅[illegible]杜山十一傍
[illegible]改定文此本[illegible]乙者别本皆無之[illegible]全有[illegible]之文
甚[illegible]及[illegible]後學孫[illegible]記

張氏曰陽數有七有九陰數有八有六但七爲少陽八爲少陰質而不變爲爻之本體九爲老陽六爲老陰文而從變故爲爻之別名且七既爲陽爻其畫已長今有九之老陽不可復爲陽所以重體避少陽七數故稱九也八爲陰數而畫陰爻今六爲老陰不可復畫陰爻故交其體避八而稱六孔穎達周易本文疏云所以老陽數九老陰數六者以揲蓍之法數九遇揲則得老陽六遇揲則得老陰其少陽稱七少陰稱八義亦准此

乾坤六爻每爻分日而配一卦者消息之說也

初九甲子乾納甲也

史記殷周本紀皆作羑里注河南湯陰有羑里城西所拘處韋昭曰羑音酉戰國趙策作牖里大傳同

干常侍易　疏證

後學瑞安方成珪

上經

乾䷀　乾下乾上　純卦與坤旁通　候在四月

初九潛龍勿用

集解　位始故稱初陽重故稱九陽在初九十一月之時自復來也

初九甲子天正之位而乾元所始也陽處三泉之下聖德在愚俗之中此文王在羑里之爻也雖有聖明之德未被時用故曰勿用矣

案　鄭康成曰周易以變者爲占故稱九稱六

乾六爻甲子至壬戌下詳之矣周以子爲天

史記殷本紀西伯昌九侯鄂侯為三公九侯有好女入之紂九侯女不憙淫紂怒殺之而醢九侯鄂侯爭之强辨之疾并脯鄂侯西伯昌聞之竊歎崇侯虎知之以告紂紂囚西伯羑里周本紀西伯禮下賢者士以此多歸之太顛閎夭散宜生鬻子辛甲大夫之徒皆往歸之崇侯虎譖西伯於殷紂曰西伯積善累德諸侯皆嚮之將不利於帝帝紂乃囚西伯於羑里尚書大傳西伯既戡耆紂囚之牖里与史記不同殷本紀紂囚文王羑里西伯之臣閎夭之徒求美女奇物善馬獻紂紂乃赦西伯周本紀及尚書大傳叙事較詳而意恉皆同

高所謂初九建子之正故曰初九甲子天正之位也泉卯月陽氣動於黃泉者内卦三爻坤泉後漢袁紹傳結恨三泉章懷注三者數之小終言深也 又黃泉三三生 按

九二見龍在田利見大人

集解陽在九二十二月之時自臨來也二為地上田在[illegible]衣而有人功者也陽氣將施聖人將顯此文王免于羑里之日也故曰利見大人集鄭康成曰[illegible]三才為[illegible]卯曰也又京氏易以初二兩爻為地曰地上二位承三三四為人易二居上故故曰有人功介人皆坤六五

九三君子終日乾乾夕惕若厲无咎

集解文以[illegible]上象[illegible]事故著君子焉陽

三

書堯典允釐百工傳釐治也
文王反國大釐其政即殷本
紀所謂西伯歸乃陰修德
行善是也

正尸　此上而接動之
人事成天地之功者在於此爻焉故君子以之　憂深思之也
夕匪懈仰憂嘉會之不序俯懼義和之　直　始
反終故曰終日乾乾此蓋文王以國大釐於其所也凡无
咎者憂中之喜善補過者也文恨早耀文明之以蒙大難
增修柔順以懷多福故曰无咎矣

宋鄭康成曰三才爲
人道有乾德而在　道君
子之象。嘉會不序不能順天故曰仰
憂義和不逮不能利民故曰俯懼也

九四或躍在淵无咎
陽氣在四二月之時自大壯來也

此中也躍者暫起之言

惠棟曰乾初九甲子水干氏以前武王孟津甲子之事故云

道平湖孫堂本升本作變

周本紀武王即位九年上祭于畢東觀兵至于孟津諸侯皆曰紂可伐矣武王曰女未知天命未可也乃還師歸

尚書大傳孟津作盟津

水經河水下注河南有鉤陳壘世傳武王伐紂八百諸侯所會處河水於斯有盟津之目漢書地理志注盟讀曰孟元和郡縣志盟津在河南府偃師縣西北三十一里

既不安於地而未能飛於天也四以 為應淵[illegible]九甲子

龍之所由升也或之者疑之也此[illegible] 上舉兵孟津[illegible]見是[illegible]

之爻也守柔順則逆天人之應通權道則違經常之 古聖

人不得已而為之故其辭疑矣 案四位天之下人之 故曰

不在田中不在人也凡易爻有據承應之說 如[illegible]在天下

五而應在初也武王舉兵孟津觀釁而退見 周本紀[illegible]據三承

九五飛龍在天利見大人

陽在九五三月之時自夬來也五在天 故曰飛龍[illegible]武王

克紂正位之爻也聖功既就萬物既覩故曰利見大人矣

康成曰五于三[illegible]清明无形而龍[illegible]

也此大人謂本[illegible]自天位為萬物所利見

四月於消息為乾
左氏宣十二年傳楚師次于衡雍潘黨曰君盍築武軍而收晉尸以為京觀臣聞克敵必示子孫以無忘武功楚子曰非爾所知也夫文止戈為武武王克商作頌曰載戢干戈載橐弓矢云云又作武云云據此則注意亦指武王也
德者平湖孫本作進德

坤六五之大人，于羑里，紂賜之弓矢伐，并受洛西之地除之，下何利如之，則大人之利見大人也。史記周本紀所謂武王至商，百姓咸待於郊，武王告商百姓曰上天降休，侯畢拜武，稽首者是也。商人皆再
易之為道，變動不居，上下无常，不可為典要，惟變所適，豈拘者所能

上九亢龍有悔

陽在上九四月之時也亢過也乾體既備上位天之鼓物寒暑相報聖人之治世威德相濟武功既成義盈而不反必陷於悔

子夏傳亢極也王肅曰窮高曰亢皆與過義相通

象曰天行健君子以自強不息

言君子通之於賢也凡勉強以德者必須在位故堯舜

自上以下誰敢淫心舍力魯語公父文伯母語也

平湖孫本作咒

一日萬機文王日昃不暇食仲尼終夜不寢顏子罷不能

自此以下莫敢淫心舍力故曰自強不息 案皆幾之誤今 皋陶謨作

前漢書王嘉傳後漢書馮衍樊準傳並作機

君子行此四德者故曰乾元亨利貞

夫純陽天之精氣四行君子之懿德是故乾 爵表篇

目明道義之門在於此矣猶春秋之備五始也故夫子留意

焉然則體仁正己所以化物觀運知時所以順天用隨宜

所以利民守正一業所以定俗也亂則敗禮教淫逆則拂

時其功否錯則妨用亢帝廢忘則失正其官敗亡

所由興四德者商紂所由亡案君子之懿德代鮮無之字雅雨堂虛玄李鼎〻

集解無子字今參用兩本校補亂則敗禮之〻盧本有逾字

孫本無今從孫本○乾坤易之門故曰道義之〻門在於此矣

春秋五始者公羊傳何休之例也謂元者氣之始春者四時

之始王者受命之始正月者政教之始公即位者國之〻

也以四德配仁禮義智始

于李鼎祚唐以前無此解

利貞者性情也

以施化利萬物之性以純一正萬物之情案施作亘之用以陽通陰而成諸

卦也純一者乾之體六爻皆陽純一不雜也萬物之〻性

以乾之用利之則不論于虛寂萬物之用為情以乾之〻貞

之則不役于紛紜所謂乾道變

化各正性命保合太和者此也

君子以成德為行

四

君子之行，動靜可觀，進退可度，動以成德，无所苟行也。

靜為坤，進為復，退為姤，皆天道之自然、人事所必至，故曰无所苟行也。

坤☷☷ 坤下坤上，純卦，與乾旁通，候在十月。

坤：元亨，利牝馬之貞。

陰氣之始，婦德之常，故稱元；與乾合德，故稱亨。行天者莫若龍，行地者莫若馬，故乾以龍，坤以馬，象也。坤，陰類，故稱利牝馬之貞矣。

案：陰無陽不生，陽無陰不成，故坤……德也。後人謂易專主扶陽抑陰，謬矣。行天莫如龍，行地莫如馬，見後漢書馬援傳，東觀漢紀同，本史記平準書「天用莫如龍，地用莫如馬」。

初六：履霜，堅冰至。

乾用一揔爲一以爻畫言之顧彪武五經同異云陽數皆奇而陰數皆偶故乾以一爲之爻而坤以二是也

重陰故稱六剛柔相推故生變占變故有爻繫辭爻者言乎變者也故易繫辭皆稱九六也陽數奇陰數偶是以乾用一也坤用二也陰氣在初五月之時自姤來也陰氣始動乎三泉之下言陰氣動矣則必至於履霜履霜則必至於堅氷言有漸也藏器於身貴其俟時故陽在潛龍戒偈之原欲其先幾故陰在三泉而顯以履霜也案褚氏云者從初六至堅氷者從六四至上六亦是發明帶漸字之義褚氏當卽梁褚仲都著周易義疏者

六二直方大不習无不利

陰氣在二六月之時自遯來也陰出地上佐陽成物臣道

妻道也臣之事君妻之事夫義成者也臣〻貴其直妻〻貴其〻

地體其大故曰直方大士該九德然後可以從王事女〻以夫〻

教然後可以配君子道成於我而用之於彼不方以〻

政不方以嫁學為婦故曰不習无不利也 案妻貴〻作義尚〻

孫本蓋士下皆妻與臣對舉不應此獨遺之也即恆五從

象辭從一而終之義九從見書皐陶謨四教者〻禮天官九

嬪所教婦德婦言婦容婦功是也

兩不方諸本誤作不妨今從盧本

地道光也

女德光於夫士德光於國也 案坤含萬物而化光故體坤德者咸肖之也

六三含章可貞或從王事无成有終

公羊傳莊十九年大夫出竟有可以安社稷利國家者則專之可也

陰氣在三七月之時自否來也陽降在四三公位也陰也大
三三公事也上失其權位在諸侯坤體既具陰黨成羣君弱
臣強戒在二國惟文德之臣然後可以遭之運而不失其柔
順之正坤爲文坤象既成故曰含章可貞此蓋平襄之王世
拱以賴晉鄭之輔也苟利社稷專之則可故曰或從王事遷
都誅親疑於專命故亦或之失後順之節故曰无成
國安民故曰有終案陰陽升降以泰反成否言也言三公見乾鑿度集證詳之叅二四
陰進至四爲觀互體又有坤坤爲國也遭之運三字疑有誤
或之作㸒無本可校不敢臆改也平襄之王垂拱以賴世
之輔者周語富辰曰鄭武莊有大勳力於平桓凡我周
還晉鄭是依韋昭解鄭武公以卿士夾輔王東遷洛邑

六

所謂遷都者此也左氏僖二十五年傳晉文公納襄王，於王城取大叔於溫殺之於隰城大叔即王子帶襄王同

注所謂誅親者此也

或從王事知光大也

位彌高德彌廣也 案位彌高解從王事也德彌廣解也書堯典光被一作廣被是光[illegible]

六四括囊无咎无譽

陰氣在四八月之時自觀來也天地將閉賢人必隱懷[illegible]

容以觀時釁此蓋甯戚蘧瑗與時卷舒之交也不艱其身則

无咎功業不建故无譽也 案此即禮記中庸[illegible]默足以容之意也

六五黃裳元吉

淮南子道應訓甯越甯戚欲干齊桓公困窮無以自達於是為商旅將任車以商於齊莫宿於郭門外桓公郊迎客趣飯牛車下擊牛角而疾商歌桓、、、曰異哉非常人也命後、、載之越一作戚蘧瑗[illegible]者舒見論

陰氣在五九月之時自剝來也剝者反常道黄中之色裳
下之飾元善之長也中美能黄上美為元下美則裳陰登於
五柔居尊位若成昭之主周霍之臣也百官己事斷萬機
雖情體信順而貌近僭疑周公其猶病諸言必篤敬忠
必篤敬然後可以取信於神明无尤於四海也故曰黄裳元
吉也　案自黄中之色至下美則裳皆昭十二年左氏
惠伯為南蒯釋本文之義也言必忠信云云
所謂忠信之事則可不然必敗之意周公輔成王
及禮記明堂位不贅述昭帝名弗陵漢武帝少子八
凡在位十三年霍光字子孟票騎將軍去病弟以大司
將軍於武帝後元二年受遺詔輔昭帝摧燕王旦作乚
終昭帝之世百姓充實四夷賓服昭帝崩迎立昌邑王
以淫亂廢之遂立宣帝而己秉政地節二年薨光小心

確然秉志臨大節而不可奪可謂社稷臣然不學無術闇
大理妻顯酖殺宣帝后許氏而陰其邪謀立女爲后不
子姓驕橫死財三年宗族誅夷權與周公侔而德音不
能逮也常侍始以周霍並舉及言猶病東屬周公蓋深右
於此矣光事具前漢書
本傳此特其大畧耳

象曰黄裳元吉文在中也

當總己之任處疑僭之間而能終元吉之福者由德在中

也桼霍光惟不學無術故不能終元吉之福也王肅曰坤爲文五在中故曰文在中也

上六龍戰于野其血元黄

陰在上六十月之時也爻終於酉而卦成乾乾體純剛不堪陰盛故曰龍戰戌亥乾之都也故稱龍焉

度以逼

十月於消息爲坤
坤上六癸酉金　卦本乾也
陰消乾坤
鄭康成乾鑿度注曰戌乾
體所在亥又乾消息之月

乾鑿度所在
惠棟云戌謂乾上九爻辰消息之位坤在於亥下有伏乾序卦曰戌亥乾本位詩緯亦以乾爲天門在亥也

初六自姤來乙未土乾九五自夬來壬申金姤爲坤方息夬爲坤將消故曰坤位未申之維坤上六癸酉金乾上九壬戌土坤合壬癸陰陽相薄而戰于乾所謂氣溢酉戌之閒者此也

水經牧作坶說文同說文又謂禮記及詩作坶字逕小異耳野漢書律歷志作壄水經清水注云自朝歌以南南暨清水土地平衍據皐跨澤悉坶野矣詩所謂坶野洋洋檀車煌煌者也朝歌在今河南濬縣西南

乾戰郭外曰郊郊外曰野坤位未申之維而[illegible]酉戌之閒故曰于野未離陰類故曰血陰陽氣雜[illegible]黄言陰陽離則異氣合則同功君臣夫妻其義一也故文[illegible]忠於殷抑参二之強以事獨夫之紂蓋欲彌縫其闕而匡救其[illegible]殷命以濟生民也紂遂長惡不悛天命殛之是以[illegible]武王遂有牧野之事是其義也　案文終于酉謂坤上六證詳之矣戌亥乾都未卦之方位言也義詳說卦萬物出乎震一章爾昭謂之郊郭璞注邑國都也都必有城城必有郭故亦外曰郊也毛詩野有死麕傳郊外曰野参二謂文王三八下有二也参與三同常侍注周禮天官設其参云参三公又常侍晉紀總論曰二祖逼禪代之期不暇待参分八百之會也三亦作参

八

象曰龍戰于野其道窮也

天道窮至於陰陽相薄也君德窮至於攻戰受誅也柔順々至於用權變矣棨攻戰受誅謂紂用權變謂武王以雖順天應人究非經常之道故曰㘋

用六利永貞

陰體其順臣守其柔所以秉義之和履貞之幹唯不歸於正是周公始於負扆南面以先王道卒於復子明終臣節故曰利永貞也棨唯有推變當作雖々校姑仍之負扆南！又家語觀周篇孔子觀乎明堂見周公相南面以朝諸侯之圖王肅注世之博學士之位失之遠固家語冠頌篇武王崩成王三則亦無待於抱古事參錯疑不能明也復

無本可變禮記明堂位抱之負斧扆書洛誥

平湖孫本作形

文復者爾雅釋言云返也後漢書桓帝紀詔覽復子明
辟之義注云復還也子謂成王也辟君也謂周公攝政已久
故復還明君之政于成王也故曰利永
貞也下盧本有矣字似贅今從孫本

含萬物而化光

光大也謂坤含藏萬物順承天施然後化光也　被業書堯九山作

一作橫被是
光有大義

屯䷂　震下坎上坎宮二世卦消息卦坎
二之初內卦十一月外卦十二月

雷雨之動滿盈天造艸昧宜建侯而不寧

水運將終木德將始殷周際也百姓盈盈匪君子不寧

九　既遭屯險之難後王宜蕩之以雷雨之政故封諸侯以寧

也案殷為水運周為木運者易乾鑿度曰亡殷者紂日明
戊倉精授命鄭康成注午為火言火戊者木德將王
之將相戊土也又當為火子又火使其子為己
塞水是明倉精絕殷之象虞翻云不寧言寧也

蒙䷃ 坎下艮上離宮四世卦消息卦艮三之二候在正月

蒙亨

蒙者離宮陰也世在四八月之時降陽布德薺麥並生而息來在寅故蒙於世為八月於消息為正月卦也正月之時陽氣上達故屯為物之始生蒙為物之穉也 於人則童蒙也苟得其運雖蒙必亨故曰蒙亨此蓋以成王之遭周公也

案蒙為離宮陰者世在六四也謂八月之時
文雖所謂陰氣在四八月之時自觀來也

魏

陽胎于酉仲
息消息也

世卦起月例
四世卦陰主八月四陰在
酉也

伯陽參同契云觀其權量察仲秋情任蓄微老枯復榮薺
參芽蘗因冒以生是也息來在寅者候在正月也乾鑿度曰
也為陽貞于十二月丑其爻左行以間時而治六辰蒙
為陰貞于正月寅其爻右行亦間時而治是其證

蒙以養正聖功也

武王之崩年九十三矣而成王八歲言天後成王六年

養公正之道而成三聖之功 案成王嗣立史記魯周公世家不紀其年云成王少在襁褓之中蒙恬列傳恬曰成王初立未離襁褓之中未能用事文選左思魏都賦襁負費志纖縷為之以約小兒于背上是成王年止二齡語冠頌篇大戴禮保傅篇及古尚書說皆謂成王琴操又謂武王崩太子誦年七歲此云八歲未詳所在四飛為艮四丙戌前漢書翼奉傳哀行公正戌王世曰公正之道三聖斥文武周公也

鄭注尚書金縢云武王崩成王年十歲服喪三年畢年十二即位

坎初六戊寅木

惠棟曰廉貞之也寅中有生火故云

虞氏曰易逸象坎為法九家易逸象坎為律

又九家易集注師初六師出以律注坎為法律坎上六係用徽纆明矣六二象辭注並同

初六發蒙利用刑人用說桎梏以往吝 象曰利用刑人以正法也 後有補遺

初六戊寅平明之時天光始照故曰發蒙此成王始覺

至誠之象也坎為法律寅為貞廉以貞用刑故利用刑

此成王將正四國之象也說解也正四國之罪宣周公之

黨故曰用說桎梏既感金縢之文追恨昭德之晚故曰以往

吝初二失位吝之由也 案蒙貞于寅故初六為戊寅知為[illegible]明時者亦以初文言也係二十宮卦離為日故曰天光坎為法律者九家易之說也見廉廉當作廉貞前漢書翼奉傳惡行廉貞寅午主之是也周[illegible]風公東征四國是皇毛傳皇匡也說文匡正也本而曰成王者周公之事即成王之事也鄭康成云木在足曰桎在手曰梏初二失位者謂初為陽位今以陰居之二為陰位今以陽居之故不得位也

君子以飲食宴樂 宴安也 五經剣記引影宋本釋文二

需䷄ 乾下坎上坤宮游魂卦大壯息卦内卦候在正月外卦二月

象曰雲上于天需

上升也

初九需於郊利用恆无咎

郊乾坎之際也既已受命進道北郊未可以進故曰需于郊

處不避汙出不辭難臣之常節也得位有應故〻利用恆[illegible]

小稽留終于必達故曰无咎 稟乾坎之際謂亥子之[illegible]陽 居陽位應為六四六四[illegible]

卦世爻故曰 得位有應

訟䷅ 坎下乾上離宮游魂卦遯消卦候在三月

十一

惠棟曰：訟王八月。案：离上九白露，八月節，游魂之位當之，故訟卦候在三月，辰而世在八月，酉也。

越絶書：文王死九年，天下八百諸侯皆一旦會于孟津之上，不謀同辭，不呼自來，盡知武王忠信，欲從武王，與之伐紂，所謂觀兵孟津以卜天下之心者，此也。

訟有孚窒

訟，离之游魂也。离為戈兵，此天氣將刑殺，聖人將用師也。訟，不親也。兆民未識天命不同之意。案遯為六月卦，孟秋，秋刑官象也。故曰天氣將刑殺，聖人將用師之卦。

象曰：天與水違行，訟。君子以作事謀始。

省民之情，以制作也。武王故先觀兵孟津，蓋以卜天下之心，故曰作事謀始也。案史記周本紀：武王嗣立九年，東觀兵至于盟津。盟津，即孟津。六下注：河南有鈎陳壘，世傳武王伐紂，八百諸侯所會處。河水至斯，有盟津之目。

師䷆ 坎下坤上，坎宫歸魂卦，消息卦謙三降二，候在四月。

行險而順以此毒天下而民從之

坎為險坤為順兵革刑獄所以險民也毒民於險中而得順道者聖王之所難也毒荼苦也五刑之用斬刺肌體六軍之鋒殘破城邑皆所以荼毒姦宄之人使服王法者也故曰人此毒天下而民從之毒以治民明不獲已而用之故於彖六爻皆著戒懼之辭也 案馬融訓毒為治崔憬訓毒為亭毒常侍獨以荼苦釋之是其異義也詩

大雅桑柔民之貪亂寧為荼毒亦止忌師卦彖辭勗之止

大象進之以容畜初六二六五上言凶九二六四但言无

咎上六則曰小人勿用象辭復

惕以亂邦是皆戒懼之辭也

上六大君有命開國承家小人勿用

坤上六為郊已見坤卦上爻注

鄭注與武王於[illegible]以伐紂之辭也今大誓與此章則其篇散亡

大君聖人也有命天命也五常為王位至師之尊而變其
者上為郊也故易位以見武王親征與師人同處于野也
上九曰王用出征有嘉首上六在宗廟武王以文王行故
正開國之辭於宗廟之爻明己之受命文王之德也故泰
誓曰予克紂非予武惟朕文考无罪受克予非朕文考[illegible]
惟予小子无良開國封諸侯也承家（見文選注二十四）立都邑也小人勿用非
所能矣案鄭康成曰命所受天命也武王親征與同處于野
者書泰誓所謂武王至于商郊牧野乃上為
宗廟見易乾鑿度武王以文王行者史記周本紀所謂為文
王木主載以車中軍武王自稱太子發言奉文王以伐不敢
自專是也注引（古文尚書）泰誓之辭即禮坊
記所謂善則稱親過則稱己也

歸魂三世所主与三世同三世卦陰主七月三陰在申也

惠棟曰七月辰在申四月辰在巳故云去陰居陽乾爲

象曰大君有命以正功也

湯武之事　案上專言武此兼及湯者順天應人一也

小人勿用必亂邦也

楚靈齊閔窮兵之禍也　案楚靈伐吳還許滅[illegible]齊王攻燕舉之皆所謂窮兵也其卒也楚公子比弑靈王于乾谿齊淖齒弑閔于鼓里是其禍之驗矣靈王名圍魯昭公元年十一月弑其君麇而自立改名虔閔王名地史記田敬仲完世家作湣王齊策作閔王

比 ䷇　坤下坎上　坤宫歸魂卦　消息卦　師二正五候　四月

比吉原筮元永貞无咎不寧方來後夫凶

比者坤之歸魂也亦世於七月而息來在巳去陰居陽承乾

十三

辟坂云承乾命師亦世於
七月而息在巳

之命義與師同也原卜也周禮三卜一曰原兆坤德變化反
歸其所四方既同萬國既親故曰比吉考之蓍龜以謀王業
大相東土卜惟洛食遂乃定鼎郟鄏卜世三十卜年七百德
善長於兆民戩祿永於被業故曰原筮元永貞逆取順守居
安如危故曰无咎天下歸德不唯一方故曰不寧方來〻後服
之夫違天失人必災其身故曰後夫凶也案本卦[illegible]亦以[illegible]七
承師卦言之即坤卦三爻注所謂陰氣在三凡之時有否
來也卦與師皆歸魂皆世在三而三皆陰居之故
周禮春官大卜掌三兆之法一曰玉兆二曰瓦兆三曰原兆
鄭注原田也有周之兆釋文兆亦作兆此云三卜誤當作三
兆大相東土卜惟洛食書洛誥文相釋詁云〻也鄭康成曰
觀名公所卜之處皆可長久居民使服田相食孫淵如書疏

虞氏注象坤爲國

云此解經惟洛食之義僞孔以爲龜兆食墨非也食墨不必
盡吉且周禮占人云凡卜君占體大夫占色史占墨卜人占
坼卜洛是王之事宜占體不宜占墨也定鼎郟鄏卜世三十
卜年七百者左氏宣三年傳文也杜注郟鄏今河南武王遷
之成王定之戩祿猶戩穀被業猶蒙業後夫者荀爽云後
夫謂上六逆理乘陽不比聖主其義當誅故道窮凶也愚
謂以人事言如魯語禹致羣神於會稽之
山防風氏後至殺而戮之尤其明證矣

六二比之自内貞吉

二在坤中坤國之象也得位應五而體寬大君樂民人自得
之象也故曰比之自内貞吉矣　案前漢書翼奉傳吉行宮大已酉主之六二乙巳始曰體
寬大也得位應五者本卦初與三皆失位而得位惟二孤立
无朋雖上應九五不免爲羣陰所蔽則惟自修德政使民人
和樂以蘄告无罪于聖明而已
故象曰比之自内不自失也

十四

土以木爲鬼
管蔡見下未濟六三爻當
涯于此　次曰冉季載下接
武王已克殷綏天下云云
平湖孫奉作乎
坤土也卯木也乙土以木爲鬼
以水以金氣賊害上故爲
陰賊也

六三比之匪人象曰比之匪人不亦傷乎

六三乙卯坤之鬼吏在比之家有土之君也周爲木德卯爲木辰同姓之國也爻失其位辰體陰賊管蔡之象也比建萬國惟去此人故曰比之匪人不亦傷王政也

案游魂歸魂爲鬼易此坤之歸魂卦自游魂需卦下三爻皆變乾復歸坤而世在三三爲乾三甲辰飛爲坤三乙卯三爲卿又爲三公故曰鬼吏在比之家故曰有土之君周爲木德說已見屯卦前漢書翼奉傳怒行陰賊亥卯主之故乙卯辰體陰賊也

六四外比之貞吉象曰外比於賢以從上也

四爲三公在比之家而得其位上比聖主下御列國方伯之之象也能外親九服賢德之君務宣上志綏而邦也故曰外

比于賢以從上也 案四為三公見乾鑿度門人防也在比之家家舊誤作象今改正聖主謂九五列國謂坤凡卦下卦為內上卦為外故先儒皆謂外比之賢即上常侍獨以為九服賢德之君則似指六二說坤為國二居坤中得位應五是賢德之君也

小畜 ☴☰ 乾下巽上巽宮一世卦消息卦需上變為巽侯在四月

闕

履 ☰☱ 兌下乾上艮宮五世卦消息卦訟初變為兌侯在六月

九五夬履貞厲象曰夬履貞厲位正當也

夬決也居中履正為履貴主萬方所履一決於前恐決失正恒懼危厲故曰夬履貞厲位正當也 按五得位故貞无應故厲

泰☷☰ 乾下坤上坤宫三世卦息卦自否反候在正月

否☰☷ 坤下乾上乾宫三世卦消卦自泰反候在七月

同人☰☲ 離下乾上離宫歸魂卦消息卦息師爲同人候在七月

以上三卦闕

大有☲☰ 乾下離上乾宫歸魂卦消息卦息比爲大有內卦候在四月外卦五月

九三公用享于天子

釋文享宴也 案左氏傳宣十六年周定王曰王享有體薦宴有折俎公當享卿當宴成十二年晉郤至曰享以訓共儉宴以示慈惠是享與宴之禮判然而不同常注侍以享爲宴亦渾淪言之耳

然鄭康成注亦載象辭君子以飲食宴樂云宴享宴也則其來已久矣

九四匪其彭无咎

釋文　余蕭客古經解鉤沉引作盛

彭亨驕滿皃。案滿一作盛。此本釋文。詩大雅蕩：女炰烋乎中國。毛傳：炰烋猶彭亨也。韓愈石鼎聯句詩亦有豕腹漲彭亨之語。

謙䷎艮下坤上兌宮五世卦消息卦剝上反三候在十二月

豫䷏坤下震上震宮一世卦消息卦復初之四内卦候在二月外卦三月

隨䷐震下兌上震宮歸魂卦消息卦否上之初候在二月

蠱䷑巽下艮上巽宮歸魂卦消息卦泰初之上候在三月

臨䷒兌下坤上坤宮二世卦息卦候在十二月

觀䷓坤下巽上乾宮四世卦消卦候在八月

以上六卦闕

十六

前漢董仲舒傳以貪狼爲俗師古注狼性貪戾謂貪爲貪狼也

說卦震爲足故曰趾

噬嗑䷔ 震下離上 巽宫五世卦 消息卦否 五之坤 初坤 初之否五 候在十月

初九屨校滅趾无咎

趾足也屨校貫械也初居剛躁之家體貪狼之性以震掩巽強暴之男也行侵陵之罪以陷屨校之刑故曰屨校滅趾得位於初顧震知懼小懲大戒以免刑戮故曰无咎矣 案趾足也本爾雅釋言貫械謂梏其行也震爲決躁故曰剛躁之家前漢書翼奉傳好行貪狼申子居之震初九庚子故曰體貪狼之性狼舊作很今改正世至五巽體不見震爲長男故曰以震掩巽強暴之男也

象曰屨校滅趾不行也

不敢遂行強也

六五賁于丘園束帛戔戔考工記鮑人則是以博為帴也帴音踐鄭康成云或者讀為羊豬戔之戔沈云馬融音淺于寶為殘與周易戔戔之字同亦音壽千反不知其義或云字則如沈釋而羊豬戔之語未見出處俗謂羊豬脂為脷音素千反豈取此乎案周禮注殘餘字本多作戔宜依殘音以上見周禮釋文愚按戔戔子夏傳

賁☲☶ 离下艮上 艮宮一世卦消息卦泰 上之乾二乾二之坤初候在八月

觀乎天文以察時變觀乎人文以化成天下

四時之變縣乎日月聖人之化成乎文章觀其會而要其會通觀人文而化成天下 案此即八卦納甲圖之說也離為夏互體震坎震春坎冬泰卦互體兌本卦初二及三四坤半體兌兌為秋離坎又為日月故曰四時之變縣乎日月乾為聖人又為天坤為萬國坤六五曰文在中六三曰含章故曰聖人之化成乎文章含萬國而化光亦坤之義也離為目故曰觀

上九白賁无咎象曰白賁无咎上得志也

白素也延山林之人采素士之言以飾其政故上得志也 案虞翻云上之五得位體成既濟故曰得志坎為志也雖與常侍之義不符然可參看

十七

作殘殘常侍以戔爲殘本
此

剝䷖坤下艮上乾宮五世卦消卦九月卦也

復䷗震下坤上坤宮一世卦息卦之始十一月之卦也

无妄䷘震下乾上巽宮四世卦消卦避上之初候在九月

大畜䷙乾下艮上艮宮二世卦消息卦萃五之復二候在八月

頤䷚震下艮上巽宮游魂卦消息卦晉四之初候在十一月

大過䷛巽下兌上震宮游魂卦消息卦大壯五之初候在十月

以上六卦闕

坎䷜坎下坎上純卦方伯卦也初六冬至上六驚蟄與離旁通

象曰水洊至

王湖孫堂云此洊字與郭璞爾雅注引同舊本釋文亦作薦爾雅釋言洊再也小爾雅云洊重也大雅雲漢篇箋[illegible]爲重也正義云此薦與洊字異義同

案釋文洊千作荐攷證云錢本神廟本雅雨本荐皆作薦。釋文攷證餘姚盧文弨著

初六習坎入于坎窞凶

窞坎之深者也江河淮濟百川之流行乎坎中地水之正也及其爲災則泛溢平地而入于坎窞是水失其道也刑獄之用必當于理刑之正也及其不平則枉濫无辜是法失其道也故曰入于坎窞凶矣案初六居本卦之最下故王肅曰窞坎底也與常侍義同坎爲法律故兼刑註言之

六三來之坎坎險且枕入于坎窞勿用象曰來之坎坎終无功也

十八

枕晁氏引作桉

坎十一月卦也，又失其位，喻殷之執法者失中之象也。來之坎坎者，斥周人觀釁于殷也。枕，安也。險且枕者，言安忍以暴政加民而无哀矜之心，淫刑濫罰，百姓无所措手足，故曰來之坎坎，終无功也。案：坎爲十一月卦者，以方位言，坎正北方，於時爲子，子十一月也。坎水德，又爲法律。六三以陰爻居陽位，故以喻殷之執法者失中之象。斥，指也。見《後漢書·孔融傳》注。

離 ䷝ 離下離上，純卦，方伯卦也。初九夏至，上九白露，與坎旁通。

闕

下經

咸 ䷞ 艮下兑上，兑宫三世卦，消息卦，坤三之上成女，乾上之三成男，候在五月。

恒䷟ 巽下震上震宮三世卦泰息卦乾初之坤四内卦侯在六月外卦七月

遯䷠ 艮下乾上乾宮二世卦消卦陰消遘二六月卦也

大壯䷡ 乾下震上坤宮四世卦陽息泰二月卦也

晉䷢ 坤下離上乾宮游魂卦消卦觀四之五侯在二月

以上五卦闕

明夷䷣ 離下坤上坎宮游魂卦息卦臨二之三侯在九月

六四入于左腹獲明夷之心于出門庭

一為室二為戶三為庭四為門故曰于出門庭矣 案自内而外故一為室二為戶三為庭四為門也節初九曰不出戶庭九二曰不出門庭亦自内而外之義。矣孫本作也今從雅雨堂本

十九

平湖孫本作五

家人䷤ 離下巽上巽宮二世卦消卦遯初之四候在五月

睽䷥ 兌下離上艮宮四世卦消息卦大壯上之三无妄二之五候在十二月

以上二卦闕

蹇䷦ 艮下坎上兌宮四世卦消息卦觀上反三候在十一月

九五大蹇朋來象曰大蹇朋來以中節也 後有補遺

在險之中而當上位故曰大蹇此蓋以託文王為紂所囚也

承上據四應二衆陰並至此蓋以託四臣能以權智相救也

故曰以中節也 案尚書大傳西伯戡耆云西伯既戡耆紂囚之牖里散宜生閎夭南宮适相與學訟於太公以免乎牖里之害詩大雅緜疏引鄭康成書君奭注云詩說有疏附奔走先後禦侮之人而曰文王有四臣以受命此

之謂也權智相救即
九卦巽以行權之義

解 ䷧ 坎下震上震宮二世卦息卦臨初之四候在二月

損 ䷨ 兌下艮上艮宮三世卦息卦泰初之上候在七月

以上二卦闕

益 ䷩ 震下巽上巽宮三世卦消息卦否上之初候在正月

六二或益之十朋之龜弗克違永貞吉王用享于帝吉 後遺有補

聖王先成其民而後致力于神故王用享于帝在巽之宮處震之象是則蒼精之帝同始祖矣 集謂先成其民者謂初爻辭利用為大作也大作謂耕植震為稼成民之事莫大於此震稱帝否乾為神故致力于神而王用享于帝矣

二十

平湖孫本六作仁

案左氏傳齊桓公以魯莊公九年即位九合諸侯存三亡國
會于葵丘諸侯僖九年天王賜胙命無下拜
晉文公以僖二十四年即位出
定襄王入務利民出穀戍釋
宋圍城濮之役一戰而霸王
享醴命之宥策命爲侯伯盟
諸侯于王庭在僖二十八年
其先之辭秦使也秦穆公稱
爲仁所謂中行近仁而俯列盟
會仰致錫命此其大略也

六三益之用凶事无咎有孚中行告公用圭象曰益用凶事固
有之也
固有如桓文之徒罪近篡弑功實濟世六三失位而體奸邪
處震之動懷巽之權是矯命之士爭奪之臣桓文之爻也故
曰益之用凶事在益之家而居坤中能保社稷愛撫人民故
曰无咎既乃中行近人故曰有孚中行然後俯列盟會仰致
錫命故曰告公用圭按易乾鑿度三爲三公以陰爻居陽位不得其正而處互體坤之中坤爲萬國
有主盟中夏之象前漢書翼奉傳樂行姦邪辰未主之本文
庚辰土故曰失位而體奸邪〔三〕四爲人易故曰中行之近人近
人雅雨堂本作
近仁今從孫本

平湖孫本作以柔決剛即作而

夬䷪乾下兌上坤宮五世卦息卦三月卦也

告自邑不利即戎利有攸往

殷民告周以紂无道椘翟元曰坤稱邑也知者卦自坤來世至五則陰退而陽即位如殷民迎武王出國都以待于郊之象也[不利即戎謂坤〻大女若林前徒倒戈攻于後以北是也利有攸往謂本卦武王會師坶野罔有敵于我師是也

孚號有厲其危乃光也

夬九五則飛龍在天之爻也應天順民以發號令故曰孚號以剛決柔以臣伐君君子危之故曰有厲德大即心小功高而意下故曰其危乃光也案以剛決柔孫本作以柔決剛然象辭明曰剛決柔則盧本是也謂

以乾九五之剛決去坤六五之柔也
陽自下漸升至五有以臣代君之象

遘䷫巽下乾上乾宮一世
卦消卦五月卦也

九五以杞包瓜含章

初二體巽爲草木二又爲田田中之果柔而蔓者瓜之象也

案二爲田者謂乾
九二見龍在田也

萃䷬坤下兌上兌宮二世卦消
息卦觀上之四候在八月

闕

升䷭巽下坤上震宮四世卦息
卦臨初之三候在十二月

九二孚乃利用禴无咎象曰九二之孚有喜也

釋文馬融王肅注禴殷春祭名

王肅周易注萃六二孚乃利用禴云禴殷春祭名

王制注云此蓋夏殷之祭名周則改之春曰祠夏曰禴以禘爲殷祭統凡祭有四時春祭曰禴夏祭曰禘注云謂夏殷時禮也

剛中而應故孚也又言乃利用禴於春時也非時而祭曰禴然則文王儉以恤民四時之祭皆以禴禮神享德與信不求備也故既濟九五曰東隣殺牛不如西隣之禴祭實受其福九五坎坎爲豕然則禴祭以豕而已不奢盈於禮故曰有喜矣

案禮王制天子四時之祭春曰礿夏曰禘秋嘗冬曰烝疏礿薄也春物未成祭品鮮薄此常侍所本也而周禮春官大宗伯以祠春享先王以禴夏享先王爾雅釋天春祭曰祠夏祭曰礿毛詩天保禴祠烝嘗傳同易既濟九五鄭康成注禴夏祭之名天保孔疏謂周公制禮乃改夏爲礿据鄭注則文王時已改是亦可備異義也非時謂〻〻春時既濟東隣謂紂西隣謂文王

困䷮坎下兌上兌宮一世卦消卦否二之上侯在九月

初六臀困于株木

兑為孔穴坎為隱伏隱伏在下而漏孔穴臀之象也

井䷯ 巽下坎上震宮五世卦息卦泰初之五侯在五月

井改邑不改井无喪无得往來井井汔至亦未繘井羸其瓶凶

水殷德也木周德也夫井德之地也所以養民性命而清絜之主者也自震化行至于五世改殷紂比屋之亂俗而不易成湯昭格之法度也故曰改邑不改井二代之制各因時宜損益雖異括囊則同故曰无喪无得往來井井也當殷之末井道之窮故曰汔至周德雖興未及革正故曰亦未繘羸其瓶井井

易漢學引作昭假 平湖孫 本同

平湖孫本作屋

說文假至也引虞書格于上下作假　王逸注招䰟蘭芳假些所引同　文書歸格于藝祖白虎通巡守篇亦引作假則假乃古文格亦可通用也　咎繇謨祖考來格大傳引作假

與初六辛丑土故曰體本上爻

泥為穢百姓无聊比者之閒交受塗炭故曰其瓶亡矣孫本

括囊作囊括无聊作无仰亦通今皆从虞本比者當作比屋

無本可校不敢改也案商頌長發昭假遅遅假音古雅反毛

傳音格王肅同云至也此直作格字以書堯典

訓至例之未為不可但釋文不載或傳錄者知本卦自泰

來泰六五來之初損陽爻為陰爻初九往之五益陰爻為陽

爻六四與坤四同義坤四爻辭曰括囊无咎无譽象辭曰括

囊无咎慎不害也則置无譽不言矣井卦辭曰无喪无得六

四爻辭曰井甃无咎象辭同則置无得不言矣所謂損益雖

異括囊則同者也

初六井泥不食舊井无禽

在井之下體本土爻故曰泥也井而為泥則不可食故曰不

食此託紂之穢政不可以養民也舊井謂殷之未喪師也亦

廿三

皆清絜无水禽之穢又況泥土乎故曰舊井无禽矣案坎爲水巽爲禽九家易巽爲鸛鸛水禽也泰未成井坎巽象皆不見故曰舊井无禽

九三井渫不食爲我心惻可用汲王明並受其福象曰井渫不食行惻也求王明受福也

此託殷之公侯時有賢者獨守成湯之法度而不見任謂微箕之倫也故曰井渫不食爲我心惻惻傷悼也民乃外附故曰可用汲周德來被故曰王明王得其民民得其主故曰求王明受福也案禮記王制疏引鄭志云張逸問殷爵三等公侯伯尚書有微子箕子何答云微子箕子畿內采地之爵非畿外治民之君故云子據此則注謂微箕責視公侯也荀爽曰渫去穢濁清絜之意也三得正故曰井渫不

得據陰喻不得用故曰不食道既不行
故我心惻王得其民之得一本作德

六四井甃无咎

以甎壘井曰甃 釋文 桉子夏傳曰甃修治也馬融曰為瓦裹下達上也其義同也

上六井收网幕有孚元吉

案今易网作勿釋文勿干本作网許慎説文有网部云网庖犧氏所結繩㠯田㠯漁也或加亡作罔或从糸作網玉篇亦云网與罔網並同但据下无覆水泉云云則常侍之意又作无字解也

象曰元吉在上大成也

處井上位在瓶之水也故曰井收幕覆也井以養生政以養
德无覆水泉而不惠民无蘊典禮而不興教故曰井收网幕

廿四

网幕而教信于民，民服教則大化成也。案馬融曰：收，汲也。汲則水在瓶中，其義實相成也。

革䷰ 离下兑上，坎宫四世卦，消息卦遯上之初，候在三月。

已日乃孚，革而信。

天命已至之日也。乃孚，大信著也。武王陳兵孟津之上，諸侯不期而會者八百國，皆曰紂可伐矣。武王曰：爾未知天命，未可也。還歸。二年，紂殺比干，囚箕子，爾乃伐之。所謂已日乃孚，革而信也。案天命已至者，即尚書大傳大誓所謂白魚入于舟中，有火流于王屋，化爲赤烏三足，皆其證也。史記周本紀觀兵孟津而還歸者，越絕書云：是時比干、箕子、微子尚在，武王賢之，未敢伐也。釋文：革而信之，一本無之字，今

平湖孫本有是字

觀注未所述經語
想千本亦同也

天地革而四時成湯武革命順乎天而應乎人革之時大矣哉

革天地成四時誅二叔除民害天下定武功成故大矣哉也

按武王已革殷命不待周公誅二叔始定天下
二叔恐是二凶之誤以無本可校不敢改也

兼考紂言之

初九鞏用黃牛之革

鞏固也离為牝牛离爻本坤黃牛之象也在革之初而无應

據未可以動故曰鞏用黃牛之革此喻文王雖有聖德天下

歸周三分有二而服事殷是其義也案鞏固也本馬融周易注
离卦辭畜牝牛吉故离為

牝牛坤二五之乾成离故离爻本坤坤為牛見說卦又离為
牝牛坤為黃並想本九家易逸象凡卦初爻皆无據茲云在革之初

芸

漢書終軍傳白魚登舟順也張晏注周木德也舟木也殷水德魚水物魚躍登舟象諸侯順周以紂畀武王也

周語伶州鳩曰武王以二月癸亥夜陳未畢而雨以夷則之上宮畢之王以黄鍾之下宮布戎于牧之野此云甲子夜陳雨甚至未詳所出

武成云陳于商郊俟天休命孔安國云休命謂雨至雨畢陳也六韜云武王東伐至河

无應據者以無无應而類及之也

九四悔亡有孚改命吉象曰改命之吉信志也

爻入上象喻紂之郊也以逆取而四海順之動凶器而前歌後舞故曰悔亡也中流而白魚入舟天命信矣故曰有孚子夜陳雨甚至水德賓服之祥也故曰改命之吉信志也

大雅大明疏引書序注云牧野紂南郊地名离南方卦爻入上象在离之外故喻紂之南郊上謂上卦也兑為甲胄為戈兵故曰凶器前歌後舞及白魚入舟見尚書大誓史記周本紀不舉赤烏而專言白魚者取水德賓服之義漢書終軍傳日也漢書律歷志云序曰一月戊午師度于孟津至庚申二月朔日也四日癸亥至牧壄夜陳甲子昧爽而合雨以詩大雅大明肆伐大商會朝清明之義子丑時雨寅卯時開霽也至六韜載武王伐殷

上雨甚雷疾太公率衆先
涉然則至畢陳乃雨止而
清明　曹粹中詩大雅大明會
朝清明句解云然以鄭
箋也

重車至軫太公曰此洗濯甲兵也呂氏春秋貴因篇武王伐
紂至鮪水使膠鬲候周師問武王曰西伯何時至曰將以甲
子日至膠鬲行矣大雨日夜不休武王疾行不輟曰吾疾行
以救膠鬲之死也均不定是甲子日未可援以為證
水德前巳
詳之矣

上六君子豹變小人革面征凶居貞吉象曰君子豹變其文蔚
也小人革面順以從君也
君子大賢次聖之人謂若太公周召之徒也豹虎之屬蔚炳
之次也君聖臣賢殷之頑民皆改志從化故曰小人革面天
下既定必倒載干戈包之以虎皮將率之士使為諸侯故曰
征凶居貞吉得正有應君子之象也桀事見樂記天下已定
武不可瀆故征凶示天

廿六

必倒載至為諸侯十八
字義海本作當偃武不
用五字

史記樂書亦作率釋文帥本又作率所類反詩小雅采薇命將率音義同

平湖孫本有也字

下以不復用兵故居貞吉將率之率孫本盧本皆作卒非是今據史記樂書改正樂記作帥帥與率同史記建元以來侯者年表殺其渠率是也

鼎䷱巽下離上離宮二世卦消息卦大壯上之初內卦候在五月外卦六月

六五鼎黃耳金鉉利貞象曰鼎黃耳中以為實也

凡舉鼎者鉉也尚三公者王也金喻可貴中之美也故曰金鉉鼎得其物施令得其道故曰利貞也案三公謂三也三爻革其行塞尚之則施令道亨矣常侍之義大略如此愚謂資九二之中以為實也九二爻辭曰鼎有實能即吉謂二當升五革于九四仇指四也亦革于四也知者四陽爻位不得正如剛用故曰有疾不我能即反謂之吉者君子不也九二亦陽爻位不得正而謂之君子者九

位則為阻塞賢路之大臣九二遠君與五相為乾德在下之君子言豈一端而已夫各有二九二升五則位得其正故曰利貞中以為雖虛納于陽位則實六居五故言實或以是已

上九鼎玉鉉大吉无不利象曰玉鉉在上剛柔節也

玉又貴於金者凡亨飪之事自鑊升於鼎載於俎自俎入於口馨香上達動而彌貴故鼎之義上爻愈吉也鼎主亨飪不失其和金玉鉉之不失其所公卿仁賢天王聖明之象也君臣相臨剛柔得節故曰吉无不利也　案書洪範曰金〻　馬融曰金之性從人而可銷鑠謂順人之意變易以成器也　六五陰爻似之白虎〻文質篇引禮記王度曰王者象君子之德燥不輕濕不重

廿七

震以木爲身，故曰震之正

象緯

禮緯含文嘉曰殷爵三等謂公侯伯也王制疏殷之諸侯大者百里以見百里之上無增[illegible]周禮地官大司徒夏官職方氏皆有公五百里侯四百里伯三百里子二百里男百里之文

平湖孫本作上非

雖兼附庸言之然已變成湯之法度矣故注以地百里為殷諸侯之制也

以人君寶之五音集韻烈火不能燒者真玉也故金玉並為國寶而玉又貴於金其取象之義亦不同也

震䷲震下震上純卦方伯卦也初九春分上六芒種

震亨震來虩虩笑言啞啞震驚百里不喪匕鬯彖曰震亨震來虩虩恐致福也笑言啞啞後有則也震驚百里驚遠而懼邇也出可以守宗廟社稷以為祭主也

周木德震之正象也為殷諸侯殷諸侯之制其地百里是以文王小心翼翼昭事上帝聿懷多福厥德不回以受方國故以百世而臣諸侯也為諸侯故主社稷為長子而為祭主也祭禮薦陳甚多而經獨言不喪匕鬯者匕牲體薦鬯酒人君

震六二庚寅木
惠棟曰震為木六二庚寅案木
也故曰震之身然則乾之九四壬申
金爻爻發揮之上爻戊子水辛卯木巳
火兌之九五丁酉金皆身坤
艮有二身所未詳也

所自親也（案周木德前已詳之矣維此文王小心翼翼昭事上帝聿懷多福厥德不回以受方國詩大雅大明之文也毛傳回違也（注本卦辭）鄭箋方國四方來附者震為方伯卦故以文王言之文鄭康成曰人君於祭之禮匕牲體薦鬯而已其餘不親為也升牢於俎君匕之臣載之鬯秬酒[illegible]芬芳條鬯因名焉是常（注）侍之義本全隨鄭注（義）云云）

初九震來虩虩後笑言啞啞吉

得震之正首震之象者震來虩虩羑里之厄也笑言啞啞後

受方國也（案得震之正謂以陽爻居陽位也首震之象謂初也）

六二震來厲億喪貝躋于九陵勿逐（七日得）象曰震來厲乘剛也

六二木爻震之身也得位无應而以乘剛為危此託云云

積德累功以被囚為禍也故曰震來厲億歎辭也貝寶貨也

廿

坤初六乙未
四癸丑艮木
丙辰六四丙戌
辛丑土也

左氏襄三十一年傳衛北宮文子曰紂囚文王七年諸侯皆從之囚紂于是乎懼而歸之疏尚書無逸云文王受命惟中身厥享國五十年則文王在位歷年多矣未知何時被囚也周本紀稱紂囚西伯於牖里閎夭之徒求美女美寶而獻之紂紂大說乃赦西伯賜之弓矢使之得征伐其下乃云虞芮爭獄俱讓而去如馬遷所云虞芮質獄之前被囚也尚書傳稱文王一年質虞芮二年伐邘三年伐密須四年伐犬夷紂乃囚之四友獻寶乃得免於虎口出而伐耆鄭

産乎東方行乎大塗也此以喻紂拘文王閎夭之徒乃於江淮之浦求盈箱之貝而以賂紂也故曰億喪貝貝水物而方升于九陵今雖喪之猶外府也故曰勿逐七日得七日得者七年之日也故書曰誕保文武受命惟七年是也寅謹

奉傳晉灼注云木數三寅在東方木數之始故曰首故二為艮釋文億本又作噫同於其反辭也鄭云歎辭不從鄭音義也虞翻云億惜辭與此義同說文貝部介蟲也居陸名猋在水名蜬古者貨貝而寶龜毛詩菁菁者莪既見君子錫我百朋鄭康成箋云五貝曰五益六二皆言或益之十朋之龜是貝與龜震東方也又震為大塗尚書大傳西伯戡耆紂囚西伯于牖里散宜生閎夭南宮适三子者相與學訟于江淮之浦取大貝大如大車之渠陳于紂之臣昌之使者紂曰非子辠也崇侯也是紂囚

別本与此不同宜別查大傳補

元尚書注據書傳爲説
以爲四年囚之五年釋之
即如所言被囚不盈一年
也馬遷之言當得其實
○戰國趙策魯仲連曰昔
者鬼侯鄂侯文王紂之三
公也鬼侯有子而好故入之於
紂紂以爲惡醢鬼侯鄂侯
爭之急辨之疾故脯鄂侯
文王聞之喟然而歎故拘之
於牖里之庫百日而欲令
之死是被囚止逾三月与
左傳不同○尚書傳西伯
既戡耆紂囚之牖里敖後
遣西伯伐崇与左傳孔穎
達疏所引又不同

文王因散宜生之賂釋之茲云閎夭之徒
志相同也外府之説乃晉荀息答獻公者見
公羊穀梁傳同云勿逐七日得者虞翻云震
也書洛誥惟周公誕保文武受命惟七年
公攝政天下太平鄭康成曰文王得赤雀
命皆七年而崩及周公攝政不敢過其數也
事茲忽及周公者原其始以要其終耳愚又按史
紂赦西伯賜之弓矢斧鉞使得征伐西伯陰行善也
決平於是虞芮之人有獄不能決乃如周未見之
而去諸侯聞之曰西伯蓋受命之君明年伐犬戎
須明年敗耆國明年伐邘明年伐崇侯而作豐邑明年月
子發立是爲武王自羑里遇赦至此正七年武王國[illegible]閲典
周之君也雖滅殷在十一年而即位之初太公爲師周公爲
輔召公畢公左右修文王業則其兆已成矣据此辭七日得
爲七年之日較直截明白
白姑存以就正有道焉

左氏傳二年傳
震數七故七日得
馮翊注惟七年周
武王俯取白魚受

艮☶

艮下艮上純卦乾二五之坤觀五
之三内卦侯在九月一卦十月

廿九

平湖孫本作合非

闕

漸䷴艮下巽上艮宫歸魂卦消卦否三之四侯在正月

上九鴻漸于陸其羽可用為儀吉象曰其羽可用為儀吉不可亂也

處漸高位斷漸之進順艮之言謹巽之全履坎之通據離之耀婦德既終母教又明有德而可受有儀而可象故曰其羽可用為儀不可亂也案漸之進見本卦象辭本爻之上無爻故曰斷漸之進艮六五言有序悔亡故曰順艮之言巽又為順也云謹巽之全者自四至上則巽之爻畫已全也二至四為坎三至五為離以互體言之坎為通離為火為日為電故曰耀漸卦辭女歸吉九三九五皆言婦也九三婦孕不育九五婦三歲不孕至上九則婦德終而有

歸妹内卦主秋分八月外卦主寒露九月節

中孚初九虞吉荀爽曰初應于四宜自安虞虞安虞猶安樂也

孟子盡心章霸者之民驩虞如也丁公著音義云義當作驩娛古字通用耳

毋道矣據离故曰毋教也有德可受承坎之通言

通故可受也有儀可象承离之濯言耀故可象也

歸妹䷵之四 兌下震上 兌宮歸魂卦 息卦泰三 内卦侯在八月外卦九月

歸妹人之終始也

歸妹者衰落之女也父既没矣兄主其禮子續父業人道所

以相終始也 案歸妹兌宮歸魂之卦故曰衰落之女泰三之四乾體不見故曰父既没矣震長男兄少女

震兄嫁兌妹以坎离為夫婦故曰兄主其禮與漸卦義

同也息卦自泰來而成外卦之震故曰子續父業矣

象曰澤上有雷歸妹君子以永終知敝 易漢學將作歸

雷薄于澤八月九月將藏之時也君子象之故不敢恃今

之虞而慮將來之禍也 案禮記月令仲秋之月雷始收聲故八月九月為將藏之時也虞與娛通孟子

三十

漢書匈奴傳上雨主不樂無以自虞師古注虞與娛同元后傳莽欲虞樂以市其權師古注此虞與娛同

霸者之民驩虞 宋鄭剛中云窺餘引此注云故不敢恃一

如也即其證矣 時之虞而有將來之慮意同語異豈別有所據耶

豐☲☳離下震上坎宮五世卦息

卦泰二之四候在六月

豐亨王假之勿憂宜日中

豐坎宮陰世在五以其宜中而憂其昃也坎為夜離為晝以

離變坎至于天位日中之象也殷水德坎象晝敗而離居之

周伐殷居王位之象也聖人德大而心小既居天位而戒懼

不怠勿憂者勸勉之言也猶詩曰上帝臨爾无貳爾心言周

德當天人之心宜居王位故宜日中 案釋文假庚白反至也 注云以離變坎至于天

位是亦以至訓假也五為天子故曰天位坎象晝敗晝當

作晝敗今从孫本伐殷昌曰作伐殷無本可校不敢改也戒懼

易漢學引作晝敗平湖孫本同

棐詩雄雉百尔君子鄭箋爾汝也皐陶謨安汝止史記夏本紀作安爾止盤庚今予將試以汝遷一作爾遷舜典咨伯汝作秩宗白虎通王者不臣篇引作咨爾伯湯誓格爾衆庶今爾有衆爾無不信尔不從誓言史記殷本紀皆作汝餘不可悉數皆爾汝通用之證

蔽芾之芾玉篇甫味切朱芾之芾說文分勿切不獨義不同音亦不同也

不怠以震卦義言之詩大雅大明之篇本作上帝臨女此作臨爾者爾女同也猶文選潘岳為賈謐作贈陸機詩云咨爾陸生善注毛詩曰咨爾殷商詩亦本作女也

九三豐其芾

芾祭祀之蔽膝棐釋文沛子夏作芾云芾小也鄭干作韋今岱南閣孫星衍周易集解亦依之唐抱經釋文考證曰韋字乃後人臆改蓋訓小之芾乃蔽芾之芾鄭干作芾乃朱芾之芾二字義本不同今從宋本正其說是當從之又芾與韠通孔叢子陳士義篇孔子初相魯魯人謗之曰麛裘而芾投之無戾芾之麛裘投之無郵芾本作韠其證也

上六豐其屋蔀其家闚其戶闃其无人三歲不覿凶

在豐之家居乾之位乾為屋宇故曰豐其屋此蓋託紂之侈造璿宮玉臺也蔀其家者以託紂多傾宮之女也社稷既亡

平湖孫本造下有為字玉臺下無也字

卅一

尚書大傳武王入殷歸傾宫之女後漢書郎顗傳注引云

宫室虚曠故曰闚其户闃其无人闃无人皃也三者天地人之數也凡國於天地有興亡焉故王者之亡其家也必天示其祥地出其妖人反其常非斯三者亦弗之亡也故曰三〻不覿凶然則瓊室之成三年而後亡國矣李鼎祚曰案于三三年而應爲

户离為目目而近户闚之象既屋豐家蔀若闚地〻人震木數三故三歲致凶於災。案注云居掉位者以五六為天易也乾為屋宇取在上覆蔽之義云掉〻宫玉臺及多傾宫之女者帝王世紀曰紂造傾宫作瓊〻王臺飾以美玉七年乃成其大三里其高千丈其大宫而其小宫七十三處是也以託紂之侈以託紂多傾女注而託字衆家本皆作託非是此以象數託諸人事非記述之文也況前注託字屢見而或曰寄或曰寄皆與此義同此不應獨異今据理改正下倣此凡國於天地有興亡焉興亡當作興立此本左氏傳昭公三年秦后子對趙孟語不敢擅改姑存其說于後漢襄楷傳注引太平經興帝王篇曰真人問神人曰吾欲使帝王立致太平豈可聞邪神人言但順天地之道不失銖分則立致太平之氣有三名爲太陽太陰中和形體有三名爲天地人天有三名爲日月星地有三名爲山川與平土人有三名爲父母子政有三名爲君臣人此三者常相得合成一家立致太平延年不疑也

此又周書大誓曰今殷王紂自絶于天毀壞其三正馬融注動逆天地人也此注見史記周本紀裴駰集解此注以天地人之數解經三歲之義其本此乎

旅䷷ 艮下離上 離宮一世卦 消卦否三之五 賁初之四 內卦候在三月 外卦四月

六五射雉一矢亡終以譽命象曰終以譽命上逮也

逮安也離爲雉爲矢巽爲木爲進退艮爲手兌爲決有木在手進退其體矢決于外射之象也一陰升乾故曰一矢履非其位下又无應雖復射雉終亦失之故曰一矢亡也一矢亡者喻有損而小也此託祿父爲王者後雖小叛擾終逮安居室故曰終以譽命矣 逮案禮孔子閒居威儀逮逮鄭康成注逮逮安和之皃也故曰逮安也離爲戈

卅二

又离爲矢見虞氏逸象馬王融肅同亦云然見釋文

矢戈兵之屬餘俱見說卦巽兌以互體言一陰升乾謂否三之五也禄父紂子即武庚也詩破斧疏引書傳曰武王殺紂繼子禄父及管蔡流言奄君薄姑謂禄父曰武王已死成王幼周公見疑矣此百世之時也請舉事然後禄父及商奄叛成王二年禄父就誅故曰終逮安周室矣

巽䷸ 巽下巽上純卦消卦遯二之四内卦候在七月外卦八月

兌䷹ 兌下兌上純卦息卦大壯五之三方伯卦也初九秋分上六大雪

渙䷺ 坎下巽上离宮五世卦消卦否四之二候在六月

以上三卦闕

節䷻ 兌下坎上坎宮一世卦息卦泰三之五候在七月

上六苦節貞凶悔亡

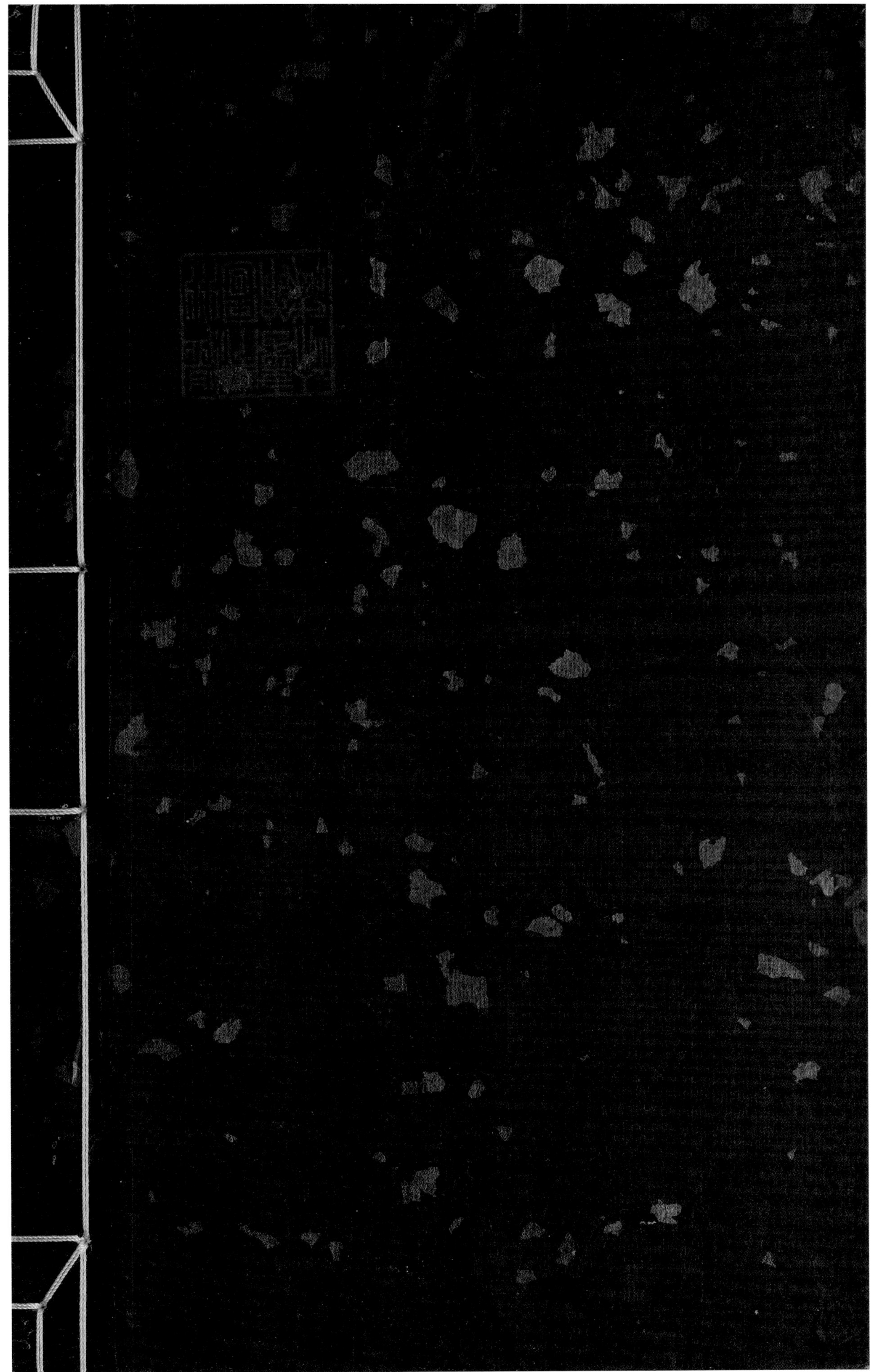

華士事見韓子外儲說右上齊東海上有居士曰狂矞華士昆弟二人者立議往請之三却馬于門而狂矞不報見恐其亂法易教故誅之也曰吾不臣天子不友諸侯耕作而食之掘井而飲之吾無求於人也無上之名無君之祿不事仕而事力太公望至於營丘使吏執殺之以為首誅 華士韓子作華士家語孔子為司寇誅亂政大夫少正卯子貢曰夫少正卯魯之聞人也今夫子為政而始誅之或者為失乎孔子曰天下有大惡者五而竊盜不與焉心逆而險行僻而堅言偽而辯記醜而博順非而澤少正卯兼有之此乃人之姦雄者不可以不除

彖稱苦節不可貞在此文也梟險伏之教懷貪狼之志以苦節之性而遇甘節之主必受其誅華士少正卯之文也故曰貞凶苦節既凶甘節志得故曰悔亡案坎上六戊子子為北方水極盛之時故為貪狼也甘節之主謂九五太公誅華士孔子誅少正卯見家語始誅篇蜀才本華作崋

中孚☴☱卦說兌下巽上艮宮游魂卦消息四之初候在十一月

九二鳴鶴在陰其子和之我有好爵吾與爾靡之亡池反

靡散也 案釋文吾與爾靡之靡本又作縻散也干同埤靡別本釋文於本又作縻之縻仍誤作縻盧本作用宋本校正今從之

小過☳☶艮下震上兌宮游魂卦消息卦晉上之三內卦候在十二月外卦正月

荀子宥坐篇尹文子大道下篇略同華士荀子作華仕

闕

既濟䷾離下坎上坎宮三世卦息卦泰五之二候在十月

六二婦喪其髴勿逐七日得

髴馬髴也釋文 案爾雅釋畜回毛在幹茀方疏謂旋毛在脅者々茀方注義殆有取于此則髴當作茀而其旨終不可得而詳馬融訓髴為首飾虞翻訓髴為鬒髮似于婦人尤相關合又婦喪其髴之髴一作茀子夏傳作髴見釋文虞翻王肅同見李鼎祚集解

九三高宗伐鬼方三年克之小人勿用

高宗殷中興之君鬼方北方國也高宗嘗伐鬼方三年而後克之離為戈兵故稱伐坎當北方故稱鬼在既濟之家而述先

平湖孫本有方字

代之功以明周因於殷有所革也案高宗小乙子即武丁也鬼北方國者山海經海內北經鬼國在貳負之尸北吳任臣注謂即鬼方常侍注指殆此又汲郡古文曰武丁三十二年伐鬼方次于荊三十四年王師克鬼方此則本爻之明證但又非北方國與注意不合至後漢西羌傳武丁征西戎鬼方注張三十五年周王季伐西落鬼注引前書音義鬼方遠方戎則非武丁時事傳文誤也也則并不以為國名矣

未濟䷿坎下離上離宮三世卦消卦否二之五內卦候在十月外卦十一月

未濟亨小狐汔濟濡其尾无攸利

坎為狐說文曰汔涸也案剛柔失正故未濟也五居中應二亨也小狐力弱汔乃可濟水既未涸而乃濟之故尾濡而无所利也案九家易說卦坎後有為宮為律為可為棟為叢棘為狐為蒺藜為桎梏之類狐性好隱伏坎為狐者

子夏傳坎為小狐

取隱伏義也說文汔水涸也段玉裁曰大雅民勞傳汔危也周易汔至亦未繘井小狐汔濟虞翻曰汔幾也皆引伸之水涸為將盡之時故引伸之義曰危曰幾也

象曰未濟亨柔得中也小狐汔濟未出中也

狐野獸之妖者以喻祿父中謂二也困而猶處中故也此以託紂雖亡國祿父猶得封矣案虞翻曰未出中謂二未變在坎中也義與此同云祿父得封者史記衛康叔世家所謂武王已克殷紂復以殷餘民封紂子武庚祿父比諸侯以奉其先祀勿絕是也又曰武王既崩成王少周公旦代成王治當國管叔蔡叔疑周公乃與武庚祿父作亂欲攻成周周公旦以成王命興師伐殷殺武庚祿父即下注所謂叛而被誅也託孫盧本作記今改正

濡其尾无攸利不續終也

平湖孫本作坎

言祿父不能敬奉天命以續殷終之祀謂叛而被誅也祀舊作禮
今按史記殷本紀宋微子世家皆云立紂子武庚祿父以續殷祀即衛康叔世家所謂比諸侯以奉其先祀勿絕也作祀為禩今改正

雖不當位剛柔應也

六爻皆相應故微子更得為客也案微子名啟紂庶兄也史記避漢景帝諱改名開也宋微子世家曰命微開子代殷後奉其先祀作微子之命以申之國于宋周頌詩序有客微子來見祖廟也故曰微子更得為客也

九二曳其輪貞吉後有補遺

坤坎為輪離為牛牛曳輪上以承五命猶東蕃之諸侯共攻三

廿五

手湖孫本作難　盧本同

監以康周道故曰貞吉也集坤當作坎坎為弓輪見說卦本為牛今屬之离者离卦辭畜牝牛吉故亦可言為牛也

六三未濟征凶利涉大川象曰未濟征凶位不當也

吉凶者言乎其失得也禄父反叛管蔡與亂兵連三年誅及骨肉故曰未濟征凶平克四國以濟大事難故曰利涉大川坎也以六居三不當其位猶周公以臣而君故流言作矣史記周本

蔡世家曰文王長子曰伯邑考次曰武王發次曰周公旦次曰蔡叔度次曰曹叔振鐸次曰叔處次曰康叔封次曰冉季載是皆也周本紀曰周公奉成王命伐殷誅武庚管管蔡畔周公討之三年而定之故國風東山見于今三年之文也云平克四國者即

四方民大和會

尚書大傳洛誥大傳說周公營洛以觀天下之心於是四方諸侯率其群黨各攻位於其庭周公曰示之以力役且猶至況導之以禮樂乎然後敢作禮樂

是皇四國是吪四國是遒也流一口者荀子致仕篇云凡流言流說楊倞注流言者無根源之謂其事則書金縢所載是已

六五貞吉无悔君子之光有孚吉

以六居五周公攝政之象也故曰貞吉无悔制禮作樂復子明辟天下乃明其道乃信其誠故君子之光有孚吉矣尚書洛誥

繫辭上

是故吉凶者失得之象也悔吝者憂虞之象也

悔亡則虞有小吝則憂憂虞未至於失得悔吝不入於吉凶

事有小大

故辭有急緩各象其意也業常侍易義虞與娛通已見歸妹象辭注矣

憂悔吝者存乎介

卅六

釋文 介纖介也案虞翻王肅義同

故神无方而易无體

否泰盈虛者神也變而周流者易也言神之鼓萬物无常方易之應變化无定體也案否泰反其類大往小來小往大來而盈虛見焉陰陽不測之謂神者也變而周流乃生生之謂易也

慎斯術也以往其无所失矣

案釋文慎時震反鄭干同一本作順

大衍之數五十

衍合也案鄭康成曰衍演也王虞蜀才曰衍廣也此獨訓為合者蓋天一生水于北地二生火于南天三生木于

漢書集注并合也

東地四生金于西天五生土于中陽无耦陰无配未得相成地六成水于北與天一并天七成火于南與地二并地八成木于東與天三并天九成金于西與地四并地十成土于中與天五并大衍之數五十有五五行各氣并氣并而減五惟有五十此亦康成之說并猶合也惟合故可廣而演之其義寶相成而不悖也許慎說文云衍水朝宗于海也亦有合義

古之聰明睿知神武而不殺者夫

案釋文殺馬鄭王肅于所戒反陸韓如字殺言鍊者降也減削也禮大傳殺同姓也又禮器禮不豐不殺

是故易有太極是生兩儀

發初言是故總衆篇之義也案釋文王肅曰上章首獨言故者總衆章之意與此同也

繫辭下

重門擊㮔以待虣客

卌七

虞氏易逆象坎爲暴

平湖孫本無因字

卒虣之客爲姦寇也案豫爲震宮一世卦飛爲坤初爲震初庚子未爲奸邪子爲貪〻體坎坎爲盜是虣客之義也

是故易者象也

言是故又因總結上義也

精義入神以致用也

能精義理之微以得未然之事是以涉於神道而逆禍福也案神道謂蓍龜

君子知微知章知柔知剛萬夫之望

言君子苟達於此則萬夫之望矣周公聞齊魯之政知後世

彊弱之勢辛有見被髮而祭則知為戎狄之居凡若此類可謂知幾也皆稱君子君子則以得幾不必聖者也業豫二伏為庚寅寅體廉貞故稱君子姚信曰此謂豫卦也二下交初故曰知微上交於三故曰知章體坤處和故曰知柔與四同功故曰知剛周公事見史記魯世家云魯公伯禽之初受封之魯三年而後報政周公周公曰何遲也伯禽曰變其俗革其禮喪三年然後除之故遲太公亦封於齊五月而報政周公周公曰何疾也曰吾簡其君臣禮從其俗為也及後聞伯禽報政遲乃歎曰嗚呼魯後世其北面事齊矣所謂知後世彊弱之者此也辛有事見左氏傳二十二年傳云初平王之東遷也辛有適伊川見被髮而祭於野者曰不及百年此其戎乎其禮先亡矣秋秦晉遷陸渾之戎于伊川杜預注計此去辛有過百年而云不及百年傳舉其事驗不必其年信愚案平王元年東遷至魯僖二十二年實周襄王之十四年廿一百三十三年所謂知伊川為戎狄之居者此也

卌八

平湖孫本疊此二字

男女構精萬物化生

男女猶陰陽也故萬物化生不言陰陽而言男女者以指釋損卦六三之辭主於人事也案虞翻曰泰初之上成損艮為男兌為女故男女構精乾為精損反成益萬物出震故萬物化生也義可參看

辨物正言斷辭則備矣

辨物類也正言言正義也斷辭所吉凶也如此則備於經矣案辨物下當疊辨物二字易有四象所以示也繫辭焉所以告也定之以吉凶所以斷也其義皆於經備之矣

謙德之柄也

柄所以持物謙所以持禮者也案鄭康成曰謙者嘉會之禮以謙為主故謙所以持禮

也

其出入以度外内使知懼又明於憂患與故无有師保如臨

母

言易道以戒懼為本所謂懼以終始歸无咎也外為大夫之

從王事則夕惕若厲内謂婦人之居室則无攸遂也雖无師

保切磋之訓其心敬戒常如父母之臨己者也棐坤六三爻辭或從王事

乾九三爻辭夕惕若厲謂法坤德以圖有終者當[illegible]乾悉

祈无咎也无攸遂在中饋貞吉家人六二之爻辭也[illegible]

以巽之義則亦不離敬戒矣父母謂乾

坤凡卦皆自乾坤來故曰如臨父母也

易之為書也原始要終以為質也

卅九

京氏易傳曰分天地乾坤之象益之以甲乙壬癸陸績曰乾坤二卦為天地陰陽之本故分甲乙壬癸陰陽之始終故魏伯陽參同契曰壬癸配甲乙乾坤括始終沈括云乾納甲壬坤納乙癸者上下包之也詳見集證京氏易八卦六位圖

德來為好物刑來為惡物者德謂福德刑為謂刑殺京房易積算法云云

左昭二十五年傳子大叔曰生好物也死惡物也好物樂也惡物哀也好呼報反惡烏路反

重發易者別殊旨也此專演卦爻之旨故曰別殊旨也原始謂初要終謂上崔憬曰質體也

六爻相雜唯其時物也

一卦六爻則皆雜有八卦之氣若初九為震爻九二為坎爻也或若見辰戌言艮巳亥言兌也或若以甲壬名乾以乙癸名坤也或若以午位名離以子位名坎或若德來為好物刑來為惡物王相為興休廢為衰。案卦氣之說起于孟喜盛于京房昔唐為易學者迭祖之

初九為震爻九二為坎爻者乾坤之神運乎六子初四則震巽二五則坎離三上則艮兌乾主初三五坤貞二四上是也辰戌言艮巳亥言兌者艮初六丙辰六四丙戌兌初九丁巳九四丁亥是也所以專舉初四者以初為內卦之始四為外卦之始也甲壬名乾乙癸名坤者甲子五坤滅乙三十日日月會于壬滅藏于癸

唐六典曰凡易用四十九算分而揲之凡十八變而成卦又視卦之八氣王相囚死胎没休廢及飛伏世應而使焉按御覽五行休王論曰立春艮王震相巽胎離没坤死兑囚乾廢坎休立夏巽王離相坤胎兑没乾死坎囚艮廢震休立秋坤王兑相乾胎坎没艮死震囚巽廢離休立冬乾王坎相艮胎震没巽死離囚坤廢兑休六典以王相囚死胎没休廢為卦之八氣者此也王充論衡所載略同

木天壬地癸相得合水天地卯乾坤也以離南方午位坎北方

子位故以午位名離子位名坎……為

陽為德陰為刑也王相為……

行孤虛旺相之屬者金旺在巳午未

水旺在申酉戌亥子火旺在寅卯辰

孤虛者其一法以一畫為孤無畫……畫……

子日定東西南北四方然後占……寶而向背……

出矣愚謂以四時言則木王春火王夏金王秋水王……

王四時春王三月辰夏王六月未秋王九月戌……

丑所謂王也相兼相生相合言如木生、……王

生水水生木是相生也子與丑合寅與亥合卯與戌……

酉合巳與申合午與未合是相合也不當令則休……相……

合則廢矣

其初難知其上易知本末也初辭擬之卒成之終

初擬議之故難知卒終成之故易知本末勢然也按此統六十四卦

四十

京房易積算法曰孔子曰八卦福德爲寶爻鬼爲繫爻鬼即所謂刑殺也如乾初六甲子水坤上六癸酉金乃乾坤之子孫故爲福德乾九三壬午火坤六三乙卯木爲乾坤官鬼故爲刑殺餘卦可類推也

夏侯歐陽說見書疏引異義謂父族四五屬之內爲一族父女昆弟適人者與其子爲一族己女昆弟適人者與其子爲一族己之女子子適人者與其子爲一族母族三母之父姓爲一族母之母姓爲一族母女昆弟適人者與其子爲一族妻族二妻之父姓爲一族妻之母姓爲一族

初上兩爻言之

道有變動故曰爻爻有等故曰物

等羣也爻中之義羣物交集五星四氣六親九族、刑殺

象形萬類皆來發於爻故總謂之物也象頤中有物曰噬嗑

是其義也案物以羣分故以等爲羣五星五行之精也四氣四時之氣也六親前漢書禮樂志如淳注謂父子從父昆弟從祖昆弟曾祖昆弟族昆弟也九族者書夏侯歐陽等謂父族四母族三妻族二皆據異姓有服古尚書說則以自高祖至元孫凡九族皆同姓馬融鄭康成皆同

物相雜故曰文文不當故吉凶生焉

其辭爲文也動作云爲必考其事令與爻義相稱也事不稱

詩葛藟序周道衰棄其九族傳云九族者據己上至高祖下及元孫漢書高帝七年紀置宗正官以序九族是漢初俱以九族爲同姓左氏桓六年傳親其九族疏引鄭氏駮許慎異義云元之聞也婦人歸宗女子雖適人字猶繫姓明不得與父兄爲異族喪服小記說服之義曰親親以三爲五以五爲九以此言之知高祖至元孫昭然察矣是鄭從古尚書說也

京房易積筭法天地爲義文福德爲寶支同氣爲專支陸績曰天地即父母也福德即子孫也同氣兄弟文也又左氏昭九年傳裨竈曰對子產曰火水妃杜注火畏水故謂之妃鄭康成注尚書鴻

義雖有吉凶則非今日之吉凶也故元亨利貞而穆姜以死黄裳元吉南蒯以敗是所謂文不當也故於經則有君子吉小人否於占則王相之氣君子以遷官小人以遇罪也左氏傳襄九年夏穆姜薨於東宫始往而筮之遇艮之八史曰是謂艮之隨隨其出也君必速出姜曰亡是於周易曰隨元亨利貞无咎今我婦人而與於亂豈隨也哉必死於此弗得出矣昭十二年南蒯以費叛其將叛也枚筮之遇坤之比曰黄裳元吉以爲大吉也示子服惠伯曰即欲有事何如惠伯曰吾嘗學此矣忠信之事則可不然則敗皆所謂君子吉小人否也傳文甚詳今節録之如此

說卦

昔者聖人之作易也幽贊於神明而生蓍

範曰木八為金九妻是祖孫父子兄弟夫妻皆于支中備之也

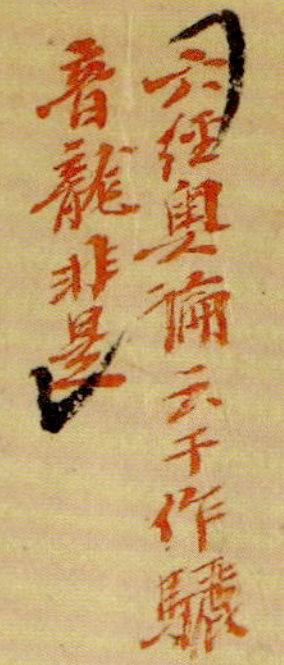

同經典備云干作駹音龍非是

幽昧人所未見也贊求也言伏羲用蓍於昧冥之中以求萬物之性爾乃得自然之神物能通天地之精而管御日靈蓍始為天下生用蓍之法者也 案帝王世紀曰太昊帝包犧氏風姓也首德於木為百王先故位在東方拾遺記曰周易云伏羲俯仰二儀經緯萬象至德備於冥昧神化通於精粹是以圖書著其跡河洛表其文史記龜筴傳天下和平王道得而蓍莖長丈其叢生滿百莖所謂自然之神物也留爽曰生蓍者謂蓍從爻中生也

震為雷為駹

駹雜色 案釋文為龍虞干作為駹 愚按作駹是也虞注云駹蒼色震東方故為駹舊讀作龍上已為龍非也惠棟周易古義曰周禮犬人職云凡幾珥沈辜用駹可也注云故書駹作龍鄭司農云龍讀為駹 是古駹字皆作龍讀為駹今攷犬人注駹謂不純色疏謂雜色牲 考工記玉人上公用龍注龍當為尨尨謂雜色古駹尨亦通 是皆可為注訓雜色之

肅注同

科手湖孫本作枯未詳所本

證又前漢書匈奴傳圍高帝於白登七日匈奴騎其西方盡白東方盡駹北方盡驪南方盡騂馬師古注駹青馬此虞注[illegible]訓蒼色之一證也兩說皆有的據但經下文爲玄黃是雜色此訓蒼色尤見一句一義之妙似宜從虞說爲允

爲旉旉一作藪

花之通名鋪爲花皃謂之藪案盧文弨釋文攷證云錢本神廟本花皃作花案

其於木也爲科上熇

案釋文稿鄭作槀干作熇集韻熇本作燺燥也或省作熇

序卦

有天地然後萬物生焉

物有先天地而生者矣今正取始於天地天地之先聖人弗

之論也故其所法象必自天地而還老子曰有物混成先天地生吾不知其名彊字之曰道上繫曰法象莫大乎天地莊子曰六合之外聖人存而不論春秋穀梁傳曰不求知所不可知者智也而今後世浮華之學彊支離道義之門求入虛誕之域以傷政害民豈非讒說殄行大舜之所疾者乎案老子語見道德經象元第二十五其原文曰字之曰道彊名之曰大此字上有彊字當是今本老子誤脫應據補莊子語見齊物論所引穀梁傳係隱三年春王二月己巳日有食之傳文其原文曰其不言食之者何也知其不可知智也疏謂聖人慎疑作不知之辭者智也此稍異其文古人引書或止取義不必斤斤然不易一字也又干寶晉紀總論曰朝寡純德之士鄉之不二之老風俗淫僻恥尚失所學者以莊老為宗而黜六經談者以虛薄為辯而賤名檢是以目三公以蕭杌之稱

乾坤先天之圖无極之說宋儒所附為千載不傳之秘者僭晉師法相承固其是也讀此可以悟其謬矣

易漢學引無須字變化之家家作象

標上議以虛談之名若夫文王日昃不暇食仲山甫夙夜匪懈者蓋共噬默以為友麾而相訴滴矣禮法刑政於此大壞如室斯構而去其鑿契如水斯積而決其隄防如火斯畜而離其薪燎也其憤時嫉亂之旨與此若合符節而猶不免援老莊以明經義則當日之風尚可知矣

注次句今正取始于天地正當作止

物稺不可不養也故受之以需需者飲食之道也

需坤之游魂也雲升在天而雨未降翺翔東西須之象也王事未至飲宴之日也夫坤者地也婦人之職也百穀果蓏之所生禽獸魚鼈之所託也而在游魂變化之家即亨飪之腥實以為和味者也故曰需者飲食之道也 葉三四及五六半體震震為稼乾為木果四五半體艮艮為果蓏离為鳥艮為黔喙之屬四五又半體巽巽為魚离又為鼈故曰百穀果蓏之所生禽獸、、魚鼈之所

序卦

九九

託也坤爲母爲釜坎爲水離爲[illegible]
變化兌爲口舌故亨飪爲婦人之職矣

有天地然後有萬物有萬物然後有男女有男女然後有夫婦
有夫婦然後有父子有父子然後有君臣有君臣然後有上下有上下
然後禮義有所錯

錯施也此詳言人道三綱六紀有自來也人有男女陰陽之
性則自然有夫婦配合之道有夫婦配合之道則自然有剛
柔尊卑之義陰陽化生血體相傳則自然有父子之親以父
立君以子資臣則必有君臣之位有君臣之位故有上下之序
有上下之序則必禮以定其體義以制其宜明先王制作蓋

平湖孫本作於

列女孽嬖傳云妲己者殷紂之妃也嬖幸於紂紂好酒淫樂不離妲己妲己之所譽貴之妲己之所憎誅之積糟為邱流酒為池懸肉為林使人裸形相逐其間為長夜之飲妲己好之

取之於情者也上經始於乾坤有生之本也下經始於咸恒人道之首也易之興也當殷之末世有妲己之禍當周之盛德有三母之功以言天不地不生夫不婦不成相須之至王教之端故詩以關雎為國風之始而易於咸恒備論禮義所由生也桑白虎通德論下云三綱者君為臣綱父為子綱夫為妻綱六紀為三綱之紀者也師長君臣之紀也諸父兄弟父子之紀也諸舅朋友夫婦之紀也史記殷本紀附愛妲己皇甫謐注妲己有蘇氏美女後漢和熹鄧皇后紀上考詩書有虞二妃周室三母注三母謂后稷母姜嫄文王母太任武王母太姒也

雜卦

晉晝也明夷誅也

日上中君道明也明君在上罪惡必刑也明夷之卦也明夷罪惡必刑啖紂之不能然也納崇侯讒而囚文王用廉來而奴箕子所刑皆賢聖則所賞皆罪惡矣故反言以明之卒也文王克崇武王誅紂及廉來封箕子於朝鮮此易之所謂貞勝也

夬決也剛決柔也君子道長小人道消也後有補遺

凡易既分為六十四卦以為上下經天人之事各有始終夫子又為序卦以明其相承受之義然則文王周公所遭遇之運武王成王所先後之政蒼精受命短長之期備於此矣而夫子又重為雜卦以易其次第雜卦之末又改其例不以兩卦反覆相酬者以示來聖後王明道非常道事非常事也化

平湖孫本作罰

平湖孫本有世字

衛元嵩三易異同論云夫尚質則人淳人淳則俗朴朴之失其弊也夫惷尚文則人和人和則俗順順之失其弊也諂諂則變之以質惷則變之以文而猶寬以濟猛猛以濟寬此聖人之用心也所以論易窮則變變則通之義見李江元包經傳中注一与注意正相類

而裁之存乎變是以終之以史言能決斷其中唯陽德之主
也故曰易窮則變通則久總而觀之伏羲黃帝皆繫世象賢
欲使天下世有常君也而堯舜禪代非黃農之化朱均頑也湯
武逆取非唐虞之迹桀紂之不君也伊尹廢立非從順之節
使太甲思愆也周公攝政非湯武之典成王幼年也凡此皆
聖賢所遭遇異時者也夏政尚忠忠之弊野故殷自野以敬
敬之弊鬼故周自鬼以教文文之弊薄故春秋閔諡三代
而損益之顏回問為邦子曰行夏之時乘殷之輅服周之冕
弟子問政者數矣而夫子不與言三代損益以非其任也司

平湖孫本有言字

則備王者之佐伊尹之人也故夫子聖於
天下也同不是異不非百世以俟聖人而不惑一以貫之矣
業蒼精受命短長之期備於易者
世三十一天七配震而立七數故卜年七百也伏羲
羲後有女媧氏大庭氏柏皇氏中央氏栗陸氏
氏尊盧氏混沌氏有巢氏朱襄氏葛天氏陰康氏
十五世皆襲庖犧之號帝王世紀神農氏姜姓也以火承木
位在南方主夏故謂之炎帝在位百二十年而崩至榆罔凡
八世合五百三十年黃帝少典之子姬姓也居軒轅之邱因
以為名以土德王在位百年而崩壽百有十歲傳帝顓頊高
陽氏帝嚳高辛氏及帝摯以至于堯堯以下皆見尚書今不
贅述夏政尚忠云云者史記漢高帝紀贊曰夏之政忠忠之
敝小人以野故殷人承之以敬敬之敝小人以鬼故周人承
之以文文之敝小人以僿故救僿莫若以忠三王之道若循
環終而復始徐廣注僿一作薄鄭康成云薄苟習文法無悃
悃誠也回則備王者之佐備下盧本有言字

干寶注周禮曰伏羲之易小成爲先天神農之易中成爲中天黄帝之易大成爲後天小成謂八卦也中成謂重卦大成謂備物致用也見惠棟易漢學

別本無以下二條

附録

帝出乎震齊乎巽相見乎離致[illegible]乎坎成言乎艮此連山之易也初[illegible]坎初離初釐初兌此歸藏之[illegible]

[illegible]常侍嘗注周官此則見朱[illegible]

傳此當是春官大卜一曰連山二曰歸藏句下注因其與易相關故附録于此

附論

胡一桂曰干寶周易傳十卷復別[illegible]義一卷[illegible]四[illegible]蔡攸上其書曰其學以卦爻配月或[illegible]泥日時傳諸人事而以前世已然之迹證之訓義頗有所據[illegible]本

宴享乃與古合房審權亦採録之

朱彝尊曰按隋志周易玄品二卷[illegible]撰人姓名當即干氏

之書也又有王氏周易問難二卷[illegible]爲干爲王[illegible]又不存

至游作薦井收勿幕勿作网豐其沛[illegible]云[illegible]之[illegible]爲

科上槁作熇干氏易已無傳惟散見於[illegible]

近海鹽胡氏編鹽邑志林乃[illegible]僅存者刊行

二頁別本無
蓋已陳校入注
内矣

干常侍易注疏證補遺

蒙初六爻辭注正四國之罪宜釋厈

案書金縢周公居東二年則罪人斯[illegible]

說謂成王多殺公之屬黨公作[illegible]之詩救其屬臣

其官位土地則所謂罪人者即周公之黨[illegible]

風鄭箋鴟鴞首章云周公攝政成王[illegible]其[illegible]多[illegible]屬

黨興者喻此諸臣乃世臣之子孫其[illegible]祖以勤勞[illegible]此[illegible]官

土地今若誅殺之無絕其官位奪其土地是不從毛傳以丁

為管蔡也常侍此注則用鄭義

蹇九五象辭注此蓋以託四臣能以權智相救也

桀帝王世紀文王晏朝不食以延四方之士是以太顛閎夭

散宜生南宮适之屬咸至是爲四臣 太平御覽八十

益六二爻辭注是則蒼精之帝同始祖也

桊蒼精之帝謂文王御覽八十四引春秋

録書含觀五常英人知姬昌蒼 精蓋東方蒼帝

感生者也禮記禮器故魯人將有事

宮鄭注上帝周所郊祀之帝謂蒼

周始祖爲帝嚳高辛氏以木 王亦蒼

未濟九二爻辭注猶東蕃之[illegible]夫攻之

按史記周本紀管蔡世家皆云[illegible]

公世家云伯禽即位之後有管蔡[illegible]

反於是伯禽率師伐之於肸[illegible]是東蕃之[illegible]

父矣

未濟六五爻辭注制禮作樂復子明辟

案尚書大傳洛誥周公攝政一年[illegible]二年克殷謂誅武庚一年

踐奄四年建侯衛五年營成周六年制禮作樂七年致政是

復子明辟即制作之明年也

雜卦夬決也四句 疏證引女媧、〻之凡十五世

案太平御覽尊盧氏後有祝融氏混沌氏後有昊英氏 衣

氏在陰康氏後其首云女媧氏沒〻 有大庭氏柏皇 云

云當據補以符十五世之數

此卷刻本增刪
甚多不能備校

干常侍易注集證

易乾鑿度

孔子曰易無形畔易變而為一一變
氣變之究也乃復變而為一一　變之始清輕者
重者下為地物有始有壯有究故三畫而
物有陰陽因而重之故六畫而成卦三　已下為地四　上為天
為天物感以動類相應也易氣從　動於地之下則　天
之下動於地之中則應於天之中動於地之上則應於天之上
初以四二以五三以上此之謂

初為元士二為大夫三為三公四為諸侯五為天子上為宗廟

陰陽失位皆為不正鄭注初六陰不正九二陽不正

乾陽也坤陰也並治而交錯行乾貞於十一月子左行陽時六

坤貞於六月未右行陰時六以奉之成歲終次從以屯蒙

屯蒙主歲屯為陽貞於十二月丑其爻左行

蒙為陰貞於正月寅其爻右行間時而治六辰歲

次卦陽卦以其辰為貞丑與左行相

陽卦同位者退一辰以為貞其爻

卦獨各貞其辰共北辰左行相隨也

貞於十一月子小過爲陰貞
而周六十四卦三百八十四爻萬一
案淮南子時則訓孟春招搖指寅
指巳仲夏指午季夏指未秋　甲寅二乙卯
丁巳五戊午上巳未與之配孟秋招搖
指戌孟冬指亥仲冬指子季冬指丑　初爻庚申
三壬戌四癸亥五甲子上乙丑　所謂泰否獨　其
辰共北辰左行相隨也與他卦間　以治六辰者不同
歲三百六十五日四分日之一
以卦用事一卦六爻爻一日凡六日初用事一日天王諸侯

二

二日大夫也三日卿四日三公也五日辟六日宗[illegible]

善凶則凶

孟氏易喜

釋一行曰十二月卦出於孟氏章句其說易本於氣而後以人

事明之

案此即常侍說易之所祖也

焦氏易延壽

班固曰焦延壽獨得隱士之說託之

按此見前漢書儒林傳

六世惠棟易漢學作一純
云俗本作六世訛
．五行
京氏易積算法云云

京氏易　房

京氏易傳下引孔子曰易有四易
為人易五世六世為天易游魂歸魂
孟康曰分卦直日之法一爻主　十四卦為三
餘四卦震離兌坎為方伯監司之官所以日
至二分用事之日又是四時各專王之　卦主一時
日觀其善惡也
案此見前漢書京房傳注震離兌　方伯各主　時者謂
分主二十四節氣也坎初六冬至九二小寒六三

八卦六位圖　出火珠林

立春九五雨水上六驚蟄震初九春分六二清明
九四立夏六五小滿上六芒種離初九夏至六二[illegible]暑九三
大暑九四立秋六五處暑上九白露[illegible]九秋分六二[illegible]寒露
六三霜降九四立冬九五小雪上六[illegible]所謂各卦主[illegible]持
者此也
項安世曰京氏易法只用八卦[illegible]本卦者皆以上
得歸魂卦者只以三爲世爻亦因下[illegible]
爲上也其餘六卦皆以所變之爻[illegible]
變者非以九六變也皆自八[illegible]末[illegible]上

變耳如乾本卦上九爲世九三爲應乾之

爲世九四爲應再變遯爲二世卦

爲三世卦六三爲世上九爲應四變

六爲應五變剝爲五世卦六五爲世六二爲應剝之一

晉謂之游魂卦九四爲世初六爲應晉下卦

歸乾謂之歸魂卦九三爲世上九爲應此

又曰京房於世爻用飛伏法凡卦見者爲飛不見者爲伏

八卦止以相反者爲伏乾見伏坤之類皆以全體知至八

所變世卦則不然自一世至五世同以本生純卦爲

四

皆一卦所變至游魂二卦則又近取所從變之卦爲世

世姤姤下體巽飛爲巽初辛丑伏仍用乾初甲子二世遯飛

艮二丙午伏仍乾二甲寅之類至五世以本卦乾爲八純

也自五世後下爲游魂卦剝四變晉巽爲飛爲離四酉

伏爲艮四丙戌矣又下爲歸魂卦晉下三爻

乾故飛爲乾三甲辰伏爲坤三　卦皆近取

不用本生純卦也餘卦倣此

　棨頊平甫說見經義考

王應麟曰京氏謂二至四爲　二至五

八宮世卦圖見後
八卦起月例

至四三至五兩體交互各成

按王伯厚說見困學紀聞卷一

胡一桂曰京氏易以八宮卦為序分

八卦乾姤遯否觀剝晉大有次震宮八卦井大過隨升次坎

濟革豐明夷師次艮宮八卦艮賁大畜損睽履中孚漸中卷首中

比次巽宮八卦巽小畜家人益无妄噬嗑頤蠱次離宮離旅鼎蒙渙訟同人兌

宮八卦兌困萃咸蹇謙小過歸妹蓋專八純卦變四卦也下之雜

筮一篇

按胡雙湖說見易學啟蒙翼傳

徐善曰京房以十二辟主十二月而佐以公侯卿[illegible]

坎北震東兌西分主四季餘六十卦以五卦主一月共注[illegible]

主六日又八十分日之七三百六十[illegible]四分日之一用[illegible]孚

初爻起冬至

案易緯稽覽圖甲子卦氣起中孚六日八[illegible]

京卦氣之說之所本也徐敬[illegible]義考

六情十二律

前漢書翼奉傳奉上封事曰知下[illegible]

北方之情好也好行貪狼申[illegible]之東云

世卦起月例

亥卯主之貪狼必待陰賊而……陰賊

並行是以王者忌子卯也禮經南方之

西方之情喜也喜行寬大巳酉主之

酉也上方之情樂也樂行姦邪詩曰吉日庚午

戌丑主之辰未屬陰戌丑屬陽萬物各以十……下方之

水水生於申盛於子水性觸地而行觸……潤多所……

則貪而無厭故為貪狼也東方木木……亥盛於卯木性受水

氣而生貫地而出故為怒以陰氣賊害故為陰賊也

火生於寅盛於午火性炎猛無所加受故為惡其……

六

加易漢學引作容

故為廉貞西方金金生於巳盛於酉金之為物喜以 方
萬物故為喜利刃所加無不寬大故曰寬大也上方謂北
也陽氣所萌生故為上辰窮水也 也下方謂南 酉也
陰氣所萌生故為下戌窮火也丑窮金 氏風角曰木 歸
本水流歸末故木利在亥水利在辰盛衰
窮則無隙不入木上出窮則旁 殺 金
鄉故火刑於午金刑於酉酉午金火
無所歸故曰哀也火性無所私金

一八卦納甲圖說

八卦六位圖
見易漢學卷四

易漢學坎离日月也戊已中
离离象就已三十日會於壬三日[illegible]
盈於甲十六日退於辛廿十三日消[illegible]
於癸乾息[坤]卦成震三日之象兌之
消乾成巽十六日也艮二十三日也二十々
見丁者指月之盈虛而言非八卦之定　甲乾乙坤相合
木故甲乙在東丙艮丁兌相得合火以　丁在南戊坎己离相得
得合土故戊己居中庚震辛巽相得合金故庚辛在丶天
癸相得合水故壬癸在北

案此所謂日月縣天成八卦象也震〻象出庚三日昏
退辛十七日旦也二十九日坤象滅乙三十日日〻會於壬
滅藏於癸此圖惠定宇所作易漢學　定宇擬而退
滅癸之日微有不同者詳略之分非　謬也

○十二辟卦圖　四正卦爻氣

常氣	月中節 四正卦	初候	始卦	次候	中卦	末候
冬至	十一月中 坎初六	蚯蚓結	公中孚	麋角解		

已錄

小寒 十二月節 坎九二　雁北鄉
侯屯外　大[illegible]
大寒 十二月中 坎六三　雞始乳　鷙鳥[illegible]
公升　[illegible]　侯小過
立春 正月節 坎六四　東風解凍　蟄蟲始振
侯小過外　大夫蒙　卿益
雨水 正月中 坎九五　獺祭魚　鴻雁[illegible]　艸木萌動
公漸　辟泰　侯需內
驚蟄 二月節 坎上六　桃始華　倉庚鳴　鷹化為[illegible]

侯需外　大夫隨　卿晉

春分二月中震初九　元鳥至　雷乃發聲　始電

公解　辟大[illegible]　侯豫内

清明三月節震六二　桐始華　田鼠化爲[illegible]　虹始見

侯豫外　大夫訟　[illegible]

穀雨三月中震六三　萍始生　鳴鳩拂其羽　戴勝降于桑

公革　辟夬

立夏四月節震九四　螻蟈鳴　蚯蚓[illegible]

侯旅外

小滿 四月中 震六五　苦菜秀　[illegible]

公小畜　[illegible]

芒種 五月節 震上六　螳蜋生　鵙始[illegible]

侯大有 外　[illegible]人　卿[illegible]

夏至 五月中 離初九　鹿角解　蜩始鳴

公咸　辟遘　侯鼎 内

小暑 六月節 離六二　溫風至　蟋蟀[illegible]　鷹乃學習

侯鼎 外　大夫豐　卿渙

大暑 六月中 離九三　腐艸為螢　土潤[illegible]暑　大雨時

九

公履　辟遯　侯恆內

立秋七月節離九四　涼風至　白露降　寒蟬鳴

侯恆外　大有　卿同人

處暑七月中離六五　鷹祭鳥　天地始[illegible]

公損　辟否

白露八月節離上九　鴻雁來　玄[illegible]　羣鳥養羞

侯巽外　大夫萃

秋分八月中兌初九　雷乃收聲　蟄[illegible]

公賁　辟觀

寒露九月節　兌九二

霜降九月中　兌六三

立冬十月節　兌九四

小雪十月中　兌九五

大雪十一月節　兌上六

鴻雁來賓

侯歸妹外　大[illegible]

豺乃祭獸　艸木[illegible]

公困　[illegible]　侯艮内

水始氷　地始凍

侯艮外　大夫既[illegible]

虹藏不見　天氣上[illegible]　閉塞而成冬

公大過　辟[illegible]　侯未濟内

鶡鳥不鳴　虎始交　荔挺生

侯未濟 外　大夫蹇　卿頤

桊此即卦氣起中孚之圖也蓋〻象以定〻易之

（朱筆）易緯是類謀所謂四正之卦卦有六爻〻者

理於是乎著矣

八宮世卦圖

乾宮 ䷀ 乾下乾上　乾爲天純卦上九爲[illegible]

一世卦天風姤 ䷫ 巽下乾上　[illegible]辛丑付肖

二世卦天山遯 ䷠ 艮下乾上　飛[illegible]

三世卦天地否 ䷋ 坤下乾上　[illegible]

四世卦風地觀 ䷓ 坤下巽上

上錄〇

張行成說

五世卦山地剝 ䷖ 坤下艮上 ……艮

游魂卦火地晉 ䷢ 坤下離上 ……

歸魂卦火天大有 ䷍ 乾下離上 飛……

震宮 ䷲ 震下震上 震爲雷純……世伏巽……

一世卦雷地豫 ䷏ 坤下震上 飛坤乙未……

二世卦雷水解 ䷧ 坎下震上 飛坎……震

三世卦雷風恒 ䷟ 巽下震上 飛……酉伏震三庚……

四世卦地風升 ䷭ 巽下坤上 ……土……癸丑伏震四戌

五世卦水風井 ䷯ 巽下坎上 飛坎……戊伏

土

游魂卦澤風大過 ䷛ 巽下兌上 亥水

歸魂卦澤雷隨 ䷐ 震下兌上 飛震 辰伏巽三辛酉

坎宮 ䷜ 坎下坎上 坎爲水純卦 世伏離 飛坎上 伏離二

一世卦水澤節 ䷻ 兌下坎上 初

二世卦水雷屯 ䷂ 震下坎上 震二

三世卦水火既濟 ䷾ 離下坎上

四世卦澤火革 ䷰ 離下兌上 飛

五世卦雷火豐 ䷶ 離下震上

游魂卦地火明夷 ䷣ 離下坤上

歸䰟卦地水師 ䷆ 坎

艮宮 ䷳ 艮下艮上 艮爲山純卦

一世卦山火賁 ䷕ 離下艮上 飛

二世卦山天大畜 ䷙ 乾下艮上

三世卦山澤損 ䷨ 兌下艮上

四世卦火澤睽 ䷥ 兌下離上

五世卦天澤履 ䷉ 兌下乾上

游䰟卦風澤中孚 ䷼ 兌下巽上

歸䰟卦風山漸 ䷴ 艮下巽上

丙[illegible]伏艮四

甲申伏艮五丙[illegible]

丁未伏乾四甲午

坤宮 ䷁ 坤下坤上 坤爲地純卦 世位

一世卦地雷復 ䷗ 震下坤上 庚子伏坤初乙未

二世卦地澤臨 ䷒ 兑下坤上 卯伏坤二乙巳

三世卦地天泰 ䷊ 乾下坤上 飛 [illegible]伏坤三

四世卦雷天大壯 ䷡ 乾下震上 飛震

五世卦澤天夬 ䷪ 乾下兑上 丁酉伏坤

游魂卦水天需 ䷄ 乾下坎上

歸魂卦水地比 ䷇ 坤下坎上

巽宮 ䷸ 巽下巽上 巽爲風 上九

張行成説

一世卦風天小畜 ䷈ 乾下巽上 飛乾 以上爻變目為純

二世卦風火家人 ䷤ 離下巽上 之類故避為

三世卦風雷益 ䷩ 震下巽上

四世卦天雷无妄 ䷘ 震下乾上

五世卦火雷噬嗑 ䷔ 震下離上 飛

游魂卦山雷頤 ䷚ 震下艮上 飛 伏離

歸魂卦山風蠱 ䷑ 巽下艮上 飛 酉伏震三庚辰

離宮 ䷝ 離下離上 離為火純卦 世伏坎 飛離上己巳 伏

一世卦火山旅 ䷷ 艮下離上 初丙辰伏

二世卦火風鼎 ䷱ 巽下離上 二辛亥伏

三世卦火水未濟 ䷿ 坎下離上 三戊午伏離 亥

四世卦山水蒙 ䷃ 坎下艮上 戊伏離四 酉

五世卦風水渙 ䷺ 坎下巽上 飛巽 伏離五

游魂卦天水訟 ䷅ 坎下乾上 飛乾

歸魂卦天火同人 ䷌ 離下乾上 一己 伏坤

兌宮 ䷹ 兌下兌上 兌爲澤純卦

一世卦澤水困 ䷮ 坎下兌上

二世卦澤地萃 ䷬ 坤下兌上

三世卦澤山咸　䷞　艮下兑上

四世卦水山蹇　䷦　艮下坎上

五世卦地山謙　䷎　艮下坤上　飛

游魂卦雷山小過　䷽　艮下震上

歸魂卦雷澤歸妹　䷵　兑下震上　飛

案此即京君明世應飛伏之法

於自然獨至五爻以後上爻

卦如乾上爻變爲坤震上爻

魂歸魂二卦也參伍以變錯

張行成説

能與於此乎

九家易廣說卦逸象

釋文荀爽九家集解本乾後更有四為龍為直為衣為言坤後有八為牝為迷為方為囊為裳為黄為帛為漿震後有三為玉為鵠為鼓巽後有二為楊為鸛坎後有八為宮為律為可為棟為叢棘為狐為蒺蔾為桎梏離後有一為牝牛艮後有三為鼻為虎為狐兌後有二為常為輔頰常西方神也

此跋別本改作前序，字々多不同，今姑以後補字々不符合也

後跋

易為四聖人書，絜靜精微，漢生鉅儒難言之。然漢代言易者，如孟長卿之卦氣，即所謂變通配四時也；[illegible]即所謂遠近相取，顯諸仁藏諸用也；鄭康成之爻辰，則觀象於天也；荀慈明之升降，即所謂變動不居，上下无常，剛柔相易也。皆淵源有自，豈可以象數小其學哉？今易義胚胎孟京，輔以翼少君六情、二律之角之占而證……爭則專屬殷周嬗代時，蓋易之興，本世周盛德與紂之事，吾夫子不嘗標舉以示人……言義……

惜上書五種久逸即項皋謨所述干侍易解及盛昱志林所錄者并不獲寓目項氏謂令升自吳從吳郡海鹽於晉文無一見記而海寧州志既列其傳又備載其所著[illegible]謂故居在黃灣今為真如禪院引咸淳臨安志為證則亦比聞鄉[illegible]也謹於消夏餘閒取陸氏周易釋文李鼎祚周易集解暨岱南閣孫氏集解[illegible]音訓二附錄因博采羣編旁搜[illegible]說為之疏證其說解各有原本有非數言可以通曉復集證以附於後計三閱月告成尠見寡聞不足發明緒論而於鴻注鉅儒所難言者輕贊一詞

僭越之誅无所逃避尚望高明紹方古之君子恕其狂瞽有以啓

其檮昧焉旹

道光丁酉相月既望後學瑞安方成珪謹跋

鈔本干常侍易注疏證

◎

〔清〕方成珪 撰

據浙江大學圖書館藏鈔本影
印原書版框高十七點一釐米
寬十一點九釐米

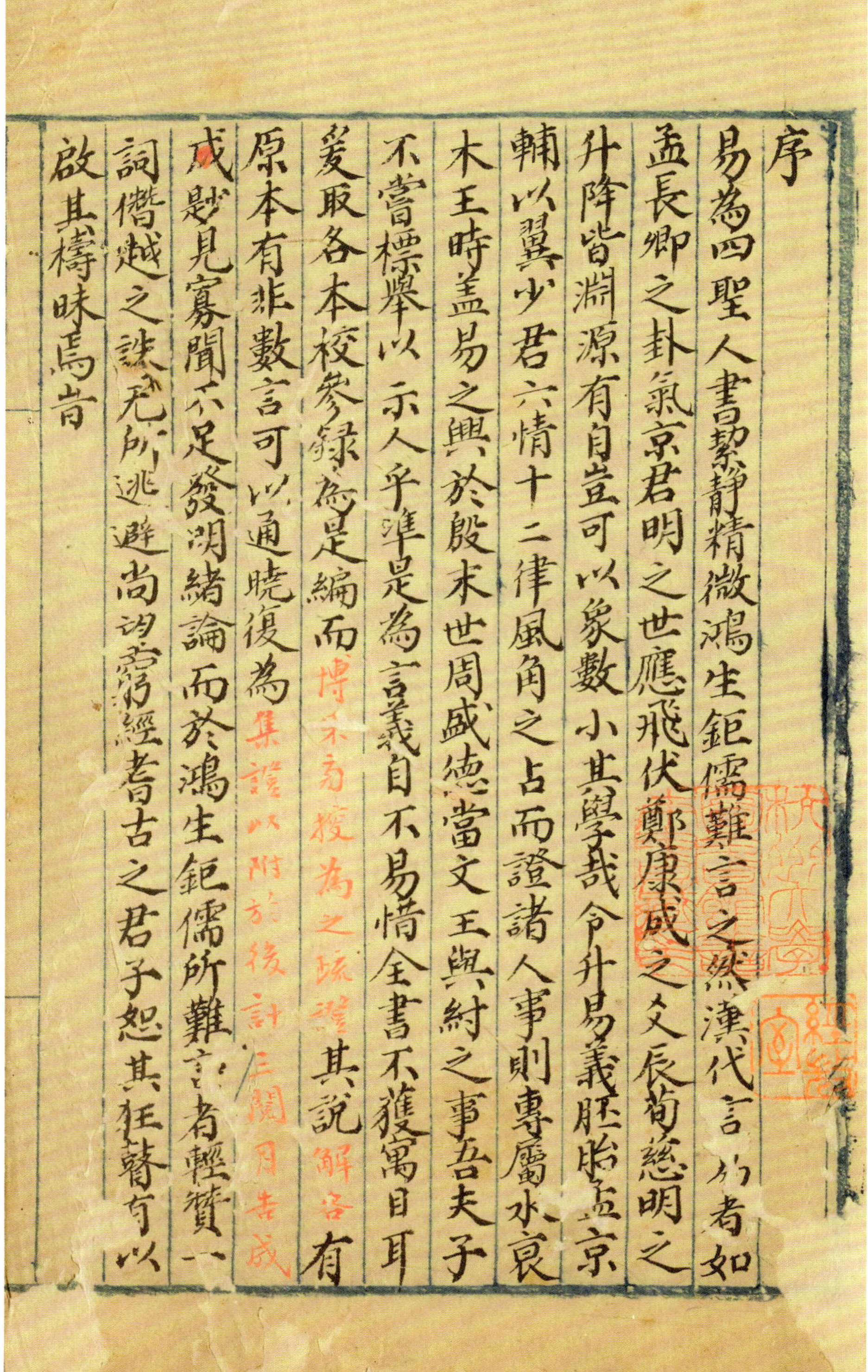
序

易爲四聖人書絜靜精微鴻生鉅儒難言之然漢代言易者如孟長卿之卦氣京君明之世應飛伏鄭康成之爻辰荀慈明之升降皆淵源有自豈可以象數小其學哉今升易義胚胎孟京輔以翼少君六情十二律風角之占而證諸人事則專屬水哀木王時蓋易之興於殷末世周盛德當文王與紂之事吾夫子不嘗標舉以示人乎準是爲言義自不易惜全書不獲寓目耳爰取各本校參録爲是編而博采易援爲之疏證其說解各有原本有非數言可以通曉復爲集證以附於後計三閲月告成尟見寡聞不足發明緒論而於鴻生鉅儒所難言者輕贊一詞僭越之誅无所逃避尚冀窮經稽古之君子恕其狂瞽有以啟其檮昧焉旹

道光丁酉陽月既望後學瑞安方成珪謹叙

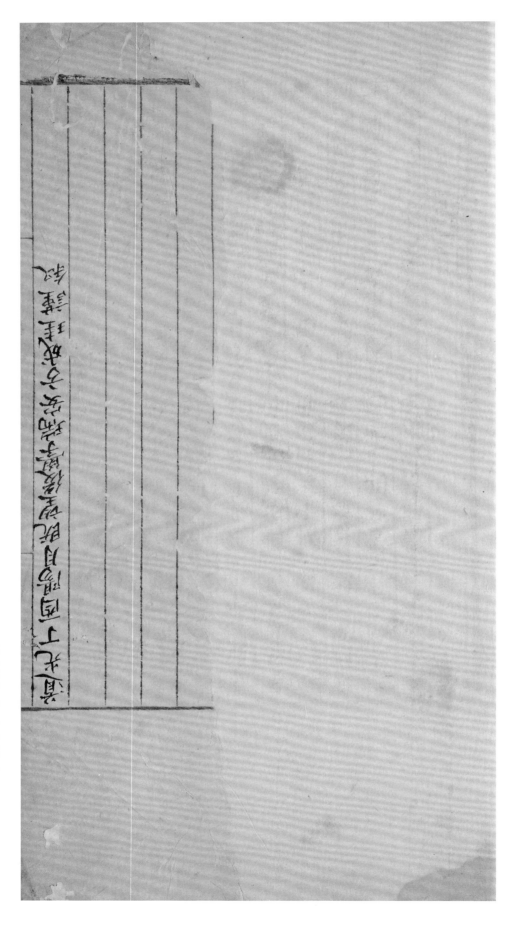

舊序跋評論

吾師艸廬先生謂易爲五經冠，而吴晋英舊以易解聞，嘗盥得雨君子爲陸醬林公紀、于常侍令升。第于氏易有注者僅三十卦，拙輯增三卦。卦惟乾備六爻，案坤亦六爻。餘止一象一爻而已，要皆自古易類萃中摘鈔。然亦羲文象數幸衍一脈於蛟潭海澨間，不可謂東南易髓不自令升標揭之也。況駮心雄理，遺詞英上，不必有遜輔嗣。録之，使與窗中海色相照映，不啻起晋儒而清言也乎。案令升易義恪守漢學，不宜以輔嗣比。且既序卦注暨晋紀總論于當時談元流輩詆斥綦嚴，乃目爲清言之倫，亦非令升知己也。大約此公雖爲于易作叙，而實未究心於于易者。天歷二年己巳一陽日，武原屠曾體乾叙。

嘗覽群籍（案：籍當作經）干子十卷（干令升寶）周易注十卷、周易宗塗四卷、文義一卷、問難二卷、玄品二卷，有其名亡其書。及從里中

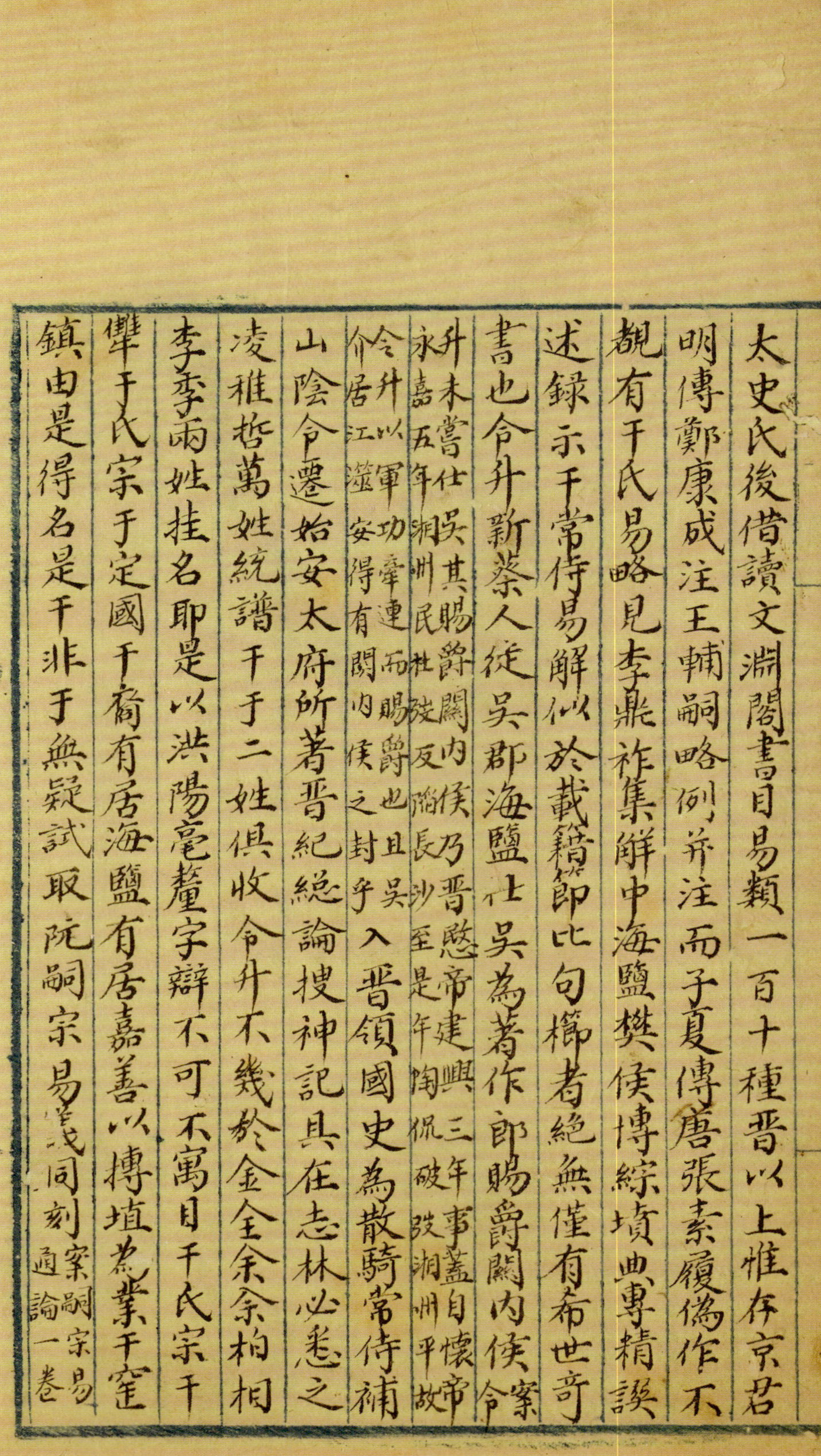
太史氏後借讀文淵閣書目易類一百十種晉以上惟存京君明傳鄭康成注王輔嗣略例并注而子夏傳唐張素履僞作不覩有干氏易略見李鼎祚集解中海鹽樊侯博綜墳典專精談述録示干常侍易解似於載籍節比句櫛者絶無僅有希世奇書也令升新蔡人從吳郡海鹽仕吳爲著作郎賜爵關內侯案令升未嘗仕吳其賜爵關內侯乃晉愍帝建興三年事蓋自懷帝永嘉五年湘州民杜弢反陷長沙至是年陶侃破弢湘州平故令升以軍功牽連而賜爵也且吳介居江濭安得有關內侯之封乎入晉領國史爲散騎常侍補山陰令遷始安太府所著晉紀總論搜神記具在志林必悉之凌稚哲萬姓統譜干于二姓俱收令升不幾於金全余佘柏相李季兩姓挂名耶是以洪陽毫釐字辯不可不寓目干氏宗干犨干氏宗于定國干犞有居海鹽有居嘉善以摶埴爲業干窪鎮由是得名是干非于無疑試取阮嗣宗易箋同刻案嗣宗易通論一卷

名 从民否 按小注从民字與篆合上白文从从此名字未掀寫之誤或有别篆否請校正

為五經冠而吳晉英舊以易解聞予盟得紀干常侍令升第干氏易有注者僅三十六爻案坤亦備六爻餘止一象一爻而已要皆自卜義文象數幸衍一脈於蛟潭海澨間不可謂東南易髓不自令升標揭之也況駿心雄理遺詞英上不必有遜輔嗣錄之使與窗中海色相照映不啻起晉儒而清言也乎案令升易義恪守漢學不宜以輔嗣比且譏序卦注暨晉紀總論于當時談元流輩訶斥綦嚴乃目為清言之倫亦非令升知己也大約此公雖為干易作叙而實未究心於干易者天歷二年己巳一陽日武原屠曾體乾叙

嘗覽群籍棠籍當作經干子十卷干令升寶周易注十卷周易宗塗四卷文義一卷問難二卷玄品二卷有其名亡其書及從里中

太史氏後借讀文淵閣書目易類一百十種晉以上惟存京君明傳鄭康成注王輔嗣略例并注而子夏傳唐張素履偽作不覩有干氏易略見李鼎祚集解中海鹽樊侯博綜墳典專精談述録示干常侍易解似於載籍節比句櫛者絶無僅有希世奇書也令升新蔡人從吴郡海鹽仕吴為著作郎賜爵關内侯案令升未嘗仕吴其賜爵關内侯乃晉愍帝建興三年事蓋自懷帝永嘉五年湘州民杜弢反陷長沙至是年陶侃破弢湘州平故令升以軍功牽連而賜爵也且吴介居江澨安得有關内侯之封乎入晉領國史為散騎常侍補山陰令遷始安太府所著晉紀總論搜神記具在志林必悉之凌稚哲萬姓統譜干于二姓俱收令升不幾於金全余佘柏相李季兩姓挂名耶是以洪陽亳釐字辯不可不寓目干氏宗干犨干氏宗于定國于禽有居海鹽有居嘉善以塼埴為業于窰鎮由是得名是干非于無疑試取阮嗣宗易戔同刻案嗣宗易通論一卷

凡五篇題曰晉易亦快事也繡水項臯謨懋功甫譔

胡一桂曰干寶周易傳十卷復別出爻義一卷宣和四年蔡攸上其書曰其學以卦爻配月或以配日時傳諸人事而以前世已然之迹證之訓義頗有所據若大有九三本左傳訓享亯乃與古合房審權亦採録之

朱彝尊曰按隋志周易玄品二卷不注撰人姓名當即干氏之書也又有王氏周易問難二卷疑譌干為王也其文水洊至洊作荐井收勿幕勿作网豐其沛作芾云祭祀之蔽膝為科上槁作熇干氏易已無傳惟散見於陸氏釋文李氏集解近海鹽胡氏編鹽邑志林乃鈔撮其僅存者刊行之

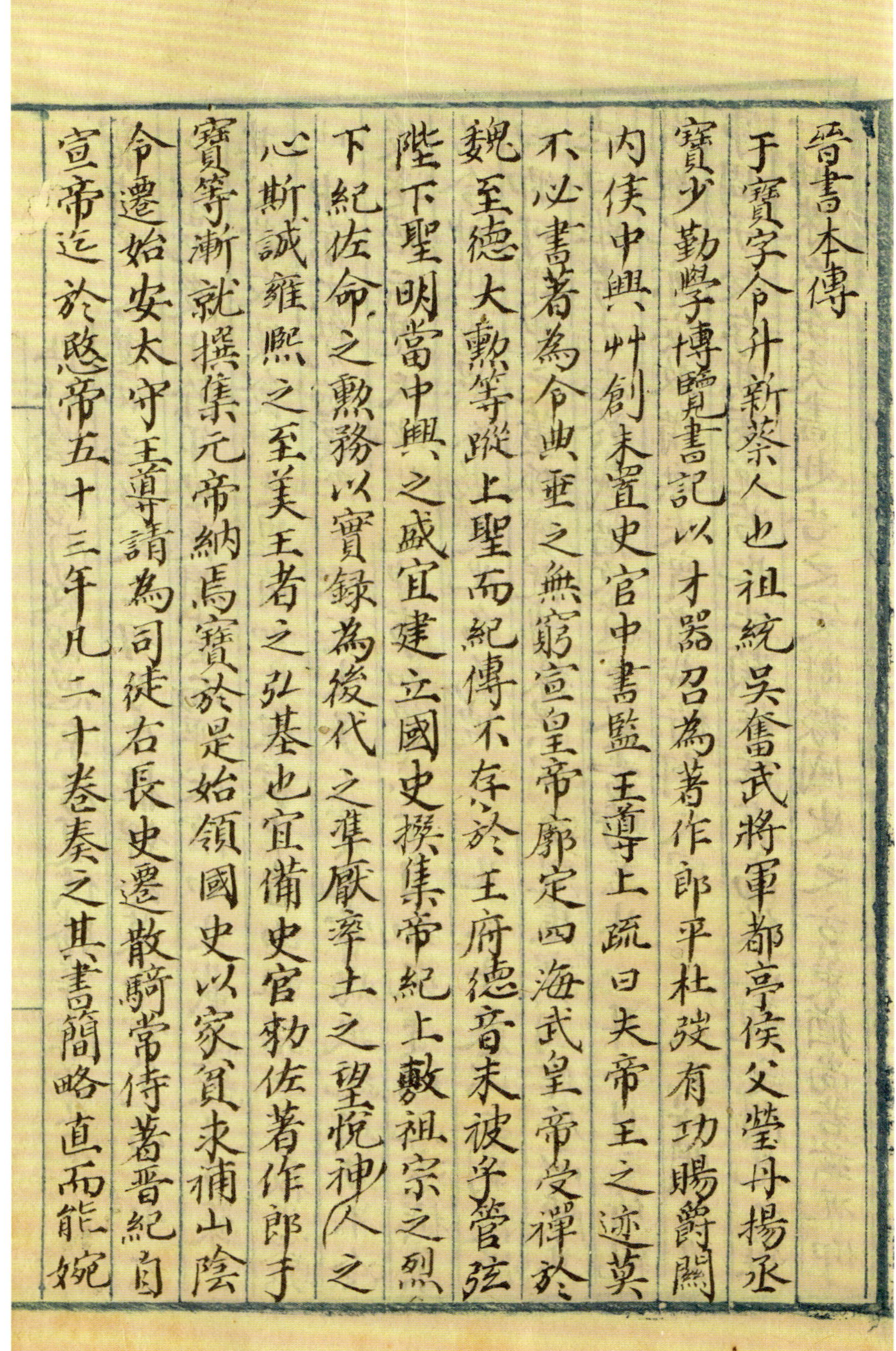
晉書本傳

干寶字令升新蔡人也祖統吴奮武將軍都亭侯父瑩丹楊丞寶少勤學博覽書記以才器召爲著作郎平杜弢有功賜爵關内侯中興草創未置史官中書監王導上疏曰夫帝王之迹莫不必書著爲令典垂之無窮宣皇帝廓定四海武皇帝受禪於魏至德大勲等蹤上聖而紀傳不存於王府德音未被乎管弦陛下聖明當中興之盛宜建立國史撰集帝紀上敷祖宗之烈下紀佐命之勲務以實録爲後代之準厭率土之望悦神人之心斯誠雍熙之至美王者之弘基也宜備史官勑佐著作郎干寶等漸就撰集元帝納焉寶於是始領國史以家貧求補山陰令遷始安太守王導請爲司徒右長史遷散騎常侍著晉紀自宣帝迄於愍帝五十三年凡二十卷奏之其書簡略直而能婉

咸稱良史性好陰陽術數留思京房夏侯勝等傳寶父先有所寵侍婢母甚妬忌及父亡母乃生推婢於墓中寶兄弟年少不之審也後十餘年母喪開墓而婢伏棺如生載還經日乃蘇言其父常取飲食與之恩情如生在家中吉凶輙語之考校悉驗地中亦不覺為惡既而嫁之生子又寶兄嘗病氣絶積日不冷後遂悟云見天地間鬼神事如覺夢不自知死寶以此遂撰集古今神祇靈異人物變化名為搜神記凡二十卷以示劉惔惔曰卿可謂鬼之董狐寶既博採異同遂混虛實因作序以陳其志曰雖考先志於載籍收遺逸於當時蓋非一耳一目之所親聞覩也亦安敢謂無失實者哉衛朔失國二傳互其所聞呂望事周子長存其兩說若此比類往往有焉從此觀之聞見之難一由來尚矣夫書赴告之定辭據國史之方策猶尚若茲況仰

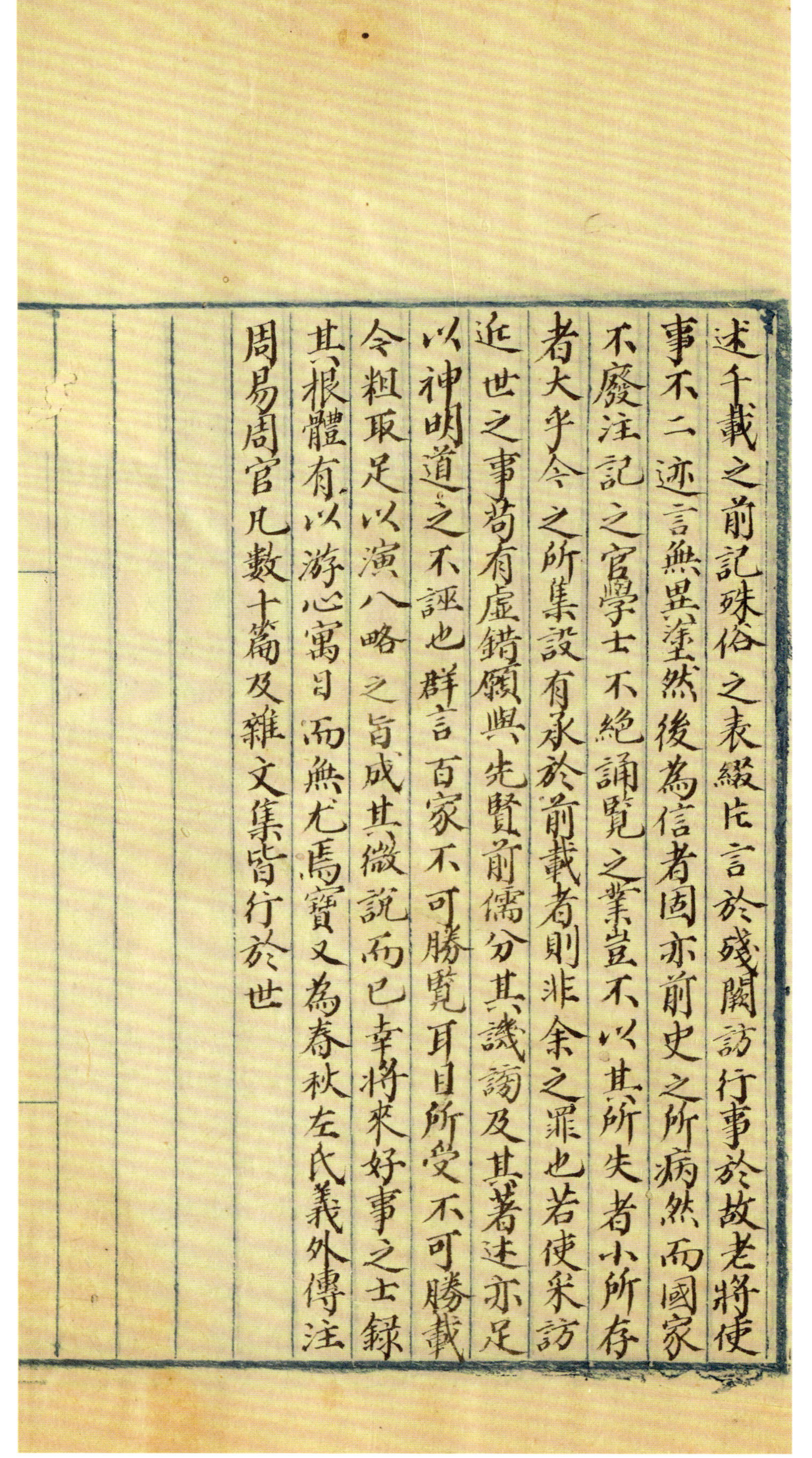

述千載之前記殊俗之表綴片言於殘闕訪行事於故老將使事不二迹言無異塗然後為信者固亦前史之所病然而國家不廢注記之官學士不絕誦覽之業豈不以其所失者小所存者大乎今之所集設有承於前載者則非余之罪也若使采訪近世之事苟有虛錯顛與先賢前儒分其譏謗及其著述亦足以神明道之不誣也群言百家不可勝覽耳目所受不可勝載今粗取足以演八略之旨成其微說而已幸將來好事之士録其根體有以游心寓目而無尤焉寶又為春秋左氏義外傳注周易周官凡數十篇及雜文集皆行於世

干常侍易注

後學瑞安方成珪疏證

上經

乾三三乾下乾上純卦與坤旁通候在四月

初九潛龍勿用

位始故稱初陽重故稱九陽在初九十一月之時自復來也初九甲子天正之位而乾元所始也陽處三泉之下聖德在愚俗之中此文王在羑里之交也雖有聖明之德未被時用故曰勿用矣別錄無矣字鄭康成曰周易以變者為占故稱九稱六張氏曰陽數有七有九陰數有八有六但七為少陽八為少陰質而不變為爻之本體九為老陽六為老陰文而從變故為爻之別名且七既為陽爻其畫已長今有九之老陽不可復畫為陽所以重體避少陽七數故稱九也八為陰數而畫陰爻今六為老陰不可復畫陰爻故交其體避八而稱六孔穎達周易本爻疏云所以老陽故九老陰數六者以揲蓍之數九過揲則得老陽六過揲則

得陰其少陽稱七少陰稱八義亦準此乾坤六爻每爻分月而配一卦者消息之說也初九甲子乾納甲也周以子為天正故曰初九甲子天正之位泉即馬融所謂初九建子之月陽氣動於黄泉者後漢袁紹傳結恨三泉章懷太子注三者數之少終言深也又黄瓊傳無恨三泉注云三者數之極一生二二生三三生萬物天地人之極數故以三為名者取其深之極也云文王在羑里者史記殷本紀西伯昌九侯鄂侯為三公九侯有好女入之紂九侯女不憙淫紂怒殺之而醢九侯鄂侯爭之强辨之疾并脯鄂侯西伯昌聞之竊歎崇侯虎以告紂紂囚西伯羑里周本紀又云西伯禮下賢者太顛閎夭散宜生鬻子辛甲大夫之徒皆往歸之崇侯虎譖西伯於殷紂曰西伯積善累德諸侯皆嚮之將不利於帝帝紂乃囚西伯於羑里據此則被囚之故兩紀互殊而其出於崇侯虎之譖一也史記集解引地理志云河南蕩陰有羑里城西伯所拘處韋昭曰羑音酉戰國趙策作牖里尚書大傳同

九二見龍在田利見大人

陽在九二十二月之時自臨來也二為地上田在地之表而有人功者也陽氣將施聖人將顯此文王免於羑里之日也故曰利見大人　鄭康成曰二于三才為地道地上即田也又京氏易以初二兩爻為地易初居下二居上故曰

張曰謂三不得亨利

地上二位承三三四為人易故曰有人功云文王免于羑里者史記殷本紀紂囚文王羑里西伯之臣閎夭之徒求美女奇物善馬獻紂紂乃赦西伯周本紀及尚書大傳叙事較詳而意皆同利見大人即周本紀所謂獻洛西之地除炮烙之刑諸侯皆來決平者也

九三君子終日乾乾若厲无咎

張曰謂九六也爻以氣表繇以龍興張云繇爻辭謂乾爻皆龍象嫌其不關人事故著君子焉陽在九三正月之時自泰來也陽氣始出地上而接動物人為靈故以人事成天地之功者在於此爻焉故君子以之憂深思遠朝夕匪懈仰憂嘉會之不序俯懼義和之不逮反復天道謀始反終故曰終日乾乾此蓋文王反國大釐其政之日也凡无咎者憂中之喜善補過者也文恨早耀文明之德張本恨作王以蒙大難增修柔順以懷多福故曰无咎矣鄭康成曰三于三才為人道有乾德而在人道君子之象也書堯典

張曰上不在天下不
在田中不在人在空
虛之中

張曰子水在淵

集解○張曰應例干支
取象例

侯

治釐百工孔安國傳釐治也文王反國大釐其政即殷本紀
謂西伯歸乃陰脩德行善是也嘉會不亭不能順天故曰
仰憂義和不逮不
能利民故曰俯懼

九四或躍在淵无咎

陽氣在四二月之時自大壯來也四虛中也躍者暫起之言既不安於地而未能飛於天也四以初為應謂初九甲子龍之所由升也或之者疑之也此武王舉兵孟津觀釁而退之爻也守柔順則逆天人之應通權道則違經常之教故聖人不得已而為之故其辭疑矣

案四位天之下人之上故曰虛
中文言所謂上不在天下不在
田中不在人也凡易爻有據承應之說如四爻據三承五而
應在初也餘皆放此乾初九甲子水故以喻武王孟津甲子
之事周本紀武王即位九年上祭于畢東觀兵至于孟津諸
使皆曰紂可伐矣武王曰女未知天命未可也乃還師歸尚
書大傳孟津作盟津水經河水下注河南有鉤陳壘世傳武
王伐紂八百諸侯所會處河水至斯有盟津之目漢書地理
志注盟讀曰孟元和郡縣志盟津在河南府偃
師縣西北三十一里權道盋邑志林本作權變

張曰純乾

九五飛龍在天利見大人
陽在九五三月之時自夬來也五在天位故曰飛龍此武王
克紂正位之爻也聖功既就萬物既覩故曰利見大人矣鄭康
成曰五于三才爲天道天者清明无形而龍在焉飛之象也
案大人謂本爻五在天位以照臨萬物也周本紀武王至商
諸侯畢拜武王武王百姓咸待於郊武王告商百
姓曰上天降休商人皆再拜稽首是其證矣

上九亢龍有悔
陽在上九四月之時也亢過也乾體既備上位既終天之鼓
物寒暑相報聖人之治世威德相濟武功既成義在上戈盈
而不反必陷於悔案四月于消息爲乾子夏傳亢極也王肅
曰窮高曰亢皆與過義相通左氏宣十二
年春秋傳曰楚師次于衡雍潘黨謂楚子曰君盍築武軍而
收晉尸以爲京觀臣聞克敵必示子孫以無忘武功楚子曰
非爾所知也夫文止戈爲武武王克商作頌曰載戢干戈
載櫜弓矢云云又作武云云據此則注意亦指武王也○

象曰天行健君子以自強不息

張曰體仁利物皆不用京本器

君子通之於賢也凡勉强以德者張本無者字不必須在位也故堯舜一日萬機文王日昃不暇食仲尼終夜不寢顔子欲罷不能自此以下莫敢淫心舍力故曰自强不息矣案今書皐陶謨作一日二日萬幾前後漢書皆作萬機自上以下誰敢淫心舍力魯語公文文伯母語也自此以下之此疑當作上凡勉强以德者句疑有脱誤志林本作凡勉强以進德較順而諸本均不如此姑存之以備參攷

君子行此四德者故曰乾元亨利貞

夫純陽天之精氣四行君子之懿德是故乾冠卦首辭表篇目明道義之門在於此矣猶春秋之備五始也故夫子留意焉然則體仁正己所以化物觀運知時所以順天張曰會猶運也變通趨時之亨也禮器用隨宜所以利民氣舊作氣張曰氣當為守正一器十二蓋取是利也業所以定俗也亂則敗禮其教淫逆則拂時張云不嘉會也其功否錯則妨用張云不利物其事廢忘則失正張云不貞固其官敗四德者

張曰不體仁也

文王所由興四德者商紂所由亡案君子之懿德岱南閣孫刻集解無之字雅雨堂盧刻李鼎祚集解無子字張本同今參用兩本校補乾坤易之門故曰道義之門在於此矣春秋五始者公羊傳何休之例謂元者氣之始春者四時之始王者受命之始正月者政教之始公即位者一國之始也器用適宜之器舊作氣今從志林本改正亂則敗禮句上盧本有適字張本不體仁也適字衍諸本無今刪以四德配仁禮義智始於李鼎祚唐以前無此解

利貞者性情也

以施化利萬物之性以純一正萬物之情案施化者乾之用以陽通陰而成諸卦也純一者乾之體六爻皆陽純一不雜也萬物之體為性以乾之用利之則不淪于虛寂萬物之用為情以乾之體貞之則不役于紛紜所謂乾道變化各正性命保合太和者此也

君子以成德為行

君子之行動靜可觀進退可度動以成德无所苟行也案動為震靜為艮進為復退為姤皆天道之自人事所以至故曰无所苟行也

張曰元義兼始與善也

張曰自八退六陰重也

坤䷁ 坤下坤上純卦與乾旁通候在十月

坤元亨利牝馬之貞

陰氣之始婦德之常故稱元與乾合德張曰天地通也故稱亨行天者莫若龍行地者莫若馬故乾以龍繇坤以馬象坤陰類故稱利牝馬之貞矣案陰无陽不生陽无陰不成故坤亦備四德也行天莫如龍行地莫如馬見後漢書馬援傳東觀漢紀同本史記平準書天用莫如龍地用莫如馬

初六履霜堅冰至

重陰故稱六剛柔相推故生變占變故有爻繫曰爻者言乎變者也故易繫辭皆稱九六也明七八為彖九六為變也然占變有爻特解九六之義非謂爻辭言變也爻辭言變則初當為復非姤也干又无無爻變之例陽數奇陰數偶是以乾用一也坤用二也乾用一而成于七而重于九皆奇坤用二成

張曰虞書九德也

于八而重于六皆偶陰氣在初五月之時自姤來也陰氣始動乎三泉之下言陰氣動矣則必至於履霜履霜則必至於堅氷言有漸也藏器於身貴其俟時故陽在潛龍戒以勿用防禍之原欲其先幾故陰在三泉而顯以履霜也案乾用一坤用二以爻畫言之顧亭林五經同異云陽數皆奇而陰數皆偶故乾以一為之爻而坤以二是也褚氏曰履霜者從初六至六三堅氷者從六四至上六亦足發明注中有漸之義見易疏褚氏當即梁褚仲都嘗著周易義疏者

六二直方大不習无不利

陰氣在二六月之時自遯來也陰出地上佐陽成物臣道也妻道也臣之事君妻之事夫義成者也臣貴其直妻貴其方地體其大故曰直方大士該九德然後可以從王事女躬四教然後可以配君子道成於我而用之於彼不方以仕學為不方以嫁學為婦故曰不習无不利也案妻貴其方盧本作義尚其方今從

張本方皆當為妨

本蓋上下皆妻與臣對舉不應此獨畧之方即恒六五象從一而終之義九德見書皐陶謨四教者周禮天官九嬪所教婦德婦言婦容婦功是也不方以仕學為政不方以嫁學為婦猶云不以仕方學為政不以嫁方學為婦即禮記大學所謂未有學養子而後嫁者兩不方諸本誤作不妨今从盧本

地道光也

女德光於夫士德光於國也坤含萬物而化光故體坤德者咸肖之也

六三含章可貞或從王事无成有終

陰氣在三七月之時自否來也陽降在四三公位也陰升在三三公事也上失其權位在諸侯坤體既其陰黨成群張本無此句君弱臣强戍在二國惟文德之臣然後可以遭之運而不失其柔順之正張本無其字坤為文坤象既成故曰含章可貞此蓋平襄之王垂拱以賴晉鄭之輔也苟利社稷專之則可故曰或從王事遷都誅親疑於專命故亦或之失後順之節故

曰无成終於濟國安民故曰有終陰陽升降以泰反成否言也以位言則三為三公以用事言則四為三公均見乾鑿度注不同者亦承泰卦言之二國者謂陰進至四為觀互體又有坤坤為國也遭之運三字疑有誤或之作茲無本可校不敢臆改也平襄之王垂拱以賴晉鄭之輔者周語富辰曰鄭武莊有大勳力於平桓凡我周之東遷晉鄭是依韋昭解鄭武公以卿士夾輔平王東遷洛邑注所謂遷都者此也左氏僖二十五年傳晉文公納襄王王入於王城取太叔於溫殺之於隰城大叔即王子帶襄王同母弟注所謂誅親者此也公羊莊十九年傳大夫出竟有可以安社稷利國家者則專之可也武文二公雖奉王命而行而其權足以震主故曰疑於專命矣

或從王事知光大也

位彌高德彌廣也案位彌高解從王事也德彌廣解知光大也書堯典光被一作廣被是光亦有廣義

六四括囊无咎无譽

陰氣在四八月之時自觀來也天地將閉賢人必隱懷智苟容以觀時釁此蓋甯戚蘧瑗與時卷舒之爻也不艱其身則[illegible]咎功業不建故无譽也此即禮記中庸其默足以容之意淮南子道應訓甯越欲干齊桓公

若張本作者

窮無以自達於是為商旅將任車以商於齊莫宿於郭門外桓公郊迎客越飯牛車下擊牛角而疾商歌桓公聞之曰異哉非常人也命後車載之注越一作戚班固漢書古今人表蘧瑗列上中甯戚列上下

六五黄裳元吉

陰氣在五九月之時自剥來也剥者反常道也黄中之色裳下之飾元善之長也中美能黄上美為元下美則裳陰登於五柔居尊位若成昭之主周霍之臣也張曰亦反常也百官總己專斷萬機雖情體信順而貌近僭疑周公其猶病諸言必忠信行必篤敬然後可以取信於神明无尤於四海也故曰黄裳元吉也注自黄中之色至下美則裳皆昭十二年左氏傳子服惠伯為南蒯釋本爻之義也言必忠信云云亦即惠伯所謂忠信之事則可不然必敗之意周公輔成王事見詩書及禮記明堂位不贅述昭帝名弗陵漢武帝少子八歲即位凡在位十三年霍光字子孟票騎將軍去病弟以大司馬大將軍博陸侯於武帝後元二年受遺詔輔昭帝擢燕王旦小上官桀終昭帝之世百姓充實四夷賓服昭帝崩迎立昌邑王賀後以淫亂廢之遂立宣帝而已秉政也節二年薨

張本作僭疑

光小心謹慎確然秉志臨大節而不可奪可謂社稷臣然不學無術闇於大理妻顯殺宣帝后許氏而陰其邪謀立女為后不能制子姓驕橫死財三年宗族誅夷權與周公侔而德音不暇未能逮也注以周霍並舉及言猶病專屬周公蓋深有見於此矣光事具前漢書本傳此特其大畧耳

象曰黃裳元吉文在中也

當總己之任處疑僭之間而能終元吉之福者由文德在中也案博陸惟不學無術故不能終元吉之福王肅曰坤為文五在中故曰文在中也

上六龍戰于野其血元黃

陰在上六十月之時也張曰坤上六癸酉爻終於酉而卦成於乾乾體純剛不堪陰盛故曰龍戰戌亥乾之都也張曰乾西北之卦乾鑿度曰乾位在十月而漸九月故以戌亥為都故稱龍焉陰德過度以逼乾戰郭外曰郊郊外曰野坤位未申之維上六在亥乾之都故逼乾而乾與戰而氣溢酉戌之間坤西南也乾鑿度曰坤位六月而漸七月

故曰于野溢於酉戌則亥也言酉戌者爻終於酉以爲端

自未申至酉戌遠故衆野未離陰類故曰血陰陽氣雜氣張本作

色故曰元黄言陰陽離則異氣合則同功君臣夫妻其義一

也故文王之忠於殷抑參二之强以事獨夫之紂蓋欲彌縫

其闕而匡救其惡以祈殷命以濟生民也紂遂長惡不悛天

命殛之是以至於武王遂有牧野之事是其義也[illegible]十月於消息爲坤

坤上六癸酉金故曰爻終於酉坤卦本乾陰消而成故曰卦成於乾謂戌亥乾之都者漢書郎顗傳引詩汎歷樞曰卯酉爲革政午亥爲革命神在天門出入聽候言神在戌亥司候宋均注神陽氣君象也天門戌亥之間乾所據也鄭康成乾鑿度注戌乾體所在亥又乾消息之月惠定宇易漢學曰戌乾體所在謂乾上九荀爽曰消息之位坤在於亥下有伏乾其說亦通也坤爲土土爲西南成德在未成體在申故曰坤位未申之維坤上六癸酉金乾上九壬戌土坤合壬癸陰陽相薄而戰於乾故曰氣溢酉戌之間爾雅釋地邑外謂之郊郭璞注邑國都也都必有城城必有郭故亦可以郭外言之郊外曰野見毛詩野有死麕傳參二謂文王三分天下有二也參與三同常侍注周禮天官設其參云參三公也又晉紀

張曰言柔順窮則是以文王為龍紂為坤陰也言坤道窮則是以紂為龍武王為坤陰也

張本云唯當為雖推當為權

總論曰二祖逼禪代之期不暇待參分八百之會尤其明證矣牧野之牧水經作坶說文同說文又謂禮記及詩作坶字迹小異耳野漢書律歷志作墶水經清水下注云自朝歌以南南暨清水土地平衍據皐跨澤悉坶野矣詩所謂坶野洋洋檀車煌煌者也朝歌在今河南濬縣西南

象曰龍戰于野其道窮也

天道窮至于陰陽相薄也君德窮至於戰攻受誅也柔順窮至於用權變矣案攻戰受誅謂紂用權變謂武王以臣伐君究非經常之道故云然

用六利永貞

陰體其順臣守其柔所以秉義之和履貞之幹唯有推變終歸於正是周公始於負扆南面以先王道卒於復子明辟以終臣節故曰利永貞也以陰升逼陽象負扆權變以陰陽合則同功象復子明辟終歸於正用六純坤非變乾矣案唯有推變當作雖有權變無本可校姑仍之負扆南面見禮記明堂位扆作依音義同又家語觀周篇孔子觀乎明堂見周公相成王

張曰屯坎二世也坎水變之震木故云

將之負斧扆南面以朝諸侯之圖復子明辟書洛誥文復爾雅釋言云返也後漢書桓帝紀詔曰遠覽復子明辟之義注云復還也子謂成王也辟君也謂周公攝政已久故復還明君之政于成王也注張本同末盧本有矣字似贅今從孫本

含萬物而化光

光大也謂坤含藏萬物順承天施然後化光也案書堯典光被一作廣被

一作橫被是光有大義

屯䷂震下坎上坎宮二世卦消息卦坎二之初内卦十一月外卦十二月

雷雨之動滿盈天造艸昧宜建侯而不寧盈平湖孫堂本作彤

水運將終木德將始殷周際也水運終木德始以象殷周之際殷水德周木德也百姓盈盈匪君子不寧天下既遭屯險之難後王宜蕩之以雷雨之政故封諸侯以寧之也言殷為水運周為木運者易乾鑿度曰亡殷者紂黑期火戊倉精授命鄭康成注午為火言火戊者木德將王火為之將相戊土也又當為火子又火使其子為己塞水是明倉精絕殷之象虞翻曰不寧言寧也

蒙䷃ 坎下艮上 離宮四世卦消息卦艮三之二候在正月

蒙亨

蒙者离宮陰也世在四八月之時降陽布德薺麥並生而息來在寅故蒙於世為八月於消息為正月卦也正月之時陽氣上達張云消息屯候十二月故屯為物之始生蒙為物之稺也稺張本作稚施之於人則童蒙也苟得其運雖蒙必亨故曰蒙亨此蓋以寄成王之遭周公也案蒙為离宮陰者世在六四也世卦起月例四世卦陰主八月四陰在酉也即坤卦四爻注所謂陰氣在四八月之時自觀來之義陽胎於酉仲秋八月之時陰陽布德薺麥並生白虎通卷二五行篇八月謂之南吕何南者任也言陽氣尚有任生薺麥也魏伯陽參同契曰觀其權量察仲秋情任蓄微稚老枯復榮薺麥芽蘖因冒以生是也息來在寅者候在正月也乾鑿度曰屯為陽貞于十二月丑其爻左行以間時而治六辰蒙為陰貞于正月寅其爻右行亦間時而治六辰是其證也

蒙以養正聖功也

集解 張云鄭康成以武王崩時成王年十五王肅以為十三干云八歲未詳所據

坎為法律張曰此說卦所無知象亦有逸象

武王之崩年九十三矣而成王八歲言天後成王之年將以養公正之道而成三聖之功成王嗣立史記魯周公世家不紀其年云少在襁褓之中蒙恬列傳恬曰成王初立未離襁褓淮南子要畧篇云成王在襁褓之中未能用事文選左思魏都賦襁負贅注引博物志云襁織縷為之以約小兒於背上是成王年上二齡以內矣而鄭注書金縢謂武王崩成王年十歲服喪三年畢年十二即位家語冠頌篇大戴禮保傳篇及古尚書說皆謂十三實誼新書脩政語下則謂二十琴操又謂七歲此云八歲未詳所本要之古書參錯未可執一說以定之也蒙世在四兆為良四丙戌前漢書翼奉傳哀行公正戌丑主之故曰公正之道三聖謂文武周公

初六發蒙利用刑人用說桎梏以往吝象曰利用刑人以正法也

初六戊寅張云坎初平明之時天光始照故曰發蒙此成王始覺周公至誠之象也坎為法律寅為貞廉以貞用刑故利用刑人矣此成王將正四國之象也說解也正四國之罪宜釋周

公之黨，故曰用說桎梏。既感金縢之文，追恨昭德之晚，故曰以往吝。初二失位，吝之由也。蒙貞于寅，初六戊寅木，知為平明時者，以初爻言之也。係離宮卦，離為日，故曰天光。虞氏易逸象坎為法，九家易逸象坎為律。又九家易集注師初六師出以律注云坎為法律。坎上六爻辭、明夷六二象辭注並同。貞廉當作廉貞。前漢書翼奉傳惡行廉貞，寅午主之。惠定宇曰廉貞火也，寅中有生火，故云。四國謂武庚祿父治殷及叔鮮管叔度蔡叔處霍也，謂正四國之罪，宜釋周公之黨者，書金縢周公居東二年，則罪人斯得。孔穎達疏引鄭康成說謂成王多殺公之屬黨，公作鴟鴞之詩救其屬臣，請勿奪其官位土地，則所謂罪人者即周公之黨也，與孔傳異。詩豳風鄭箋鴟鴞首章云周公攝政，成王不知其意，而多罪其屬黨。興者喻此諸臣乃世臣之子孫，其父祖以勤勞有此官位土地，今若誅殺之，無絕其官位，奪其土地。是以不從毛傳以子為管蔡也。注用鄭義，又鄭本文注云木在足曰桎，在手曰梏。初二失位者，謂初為陽位，今以陰居之，二為陰位，今以陽居之，故不得位也。

需☵☰乾下坎上，坤宮游魂卦，大壯息卦。內卦候在正月，外卦二月。

象曰：雲上于天，需。

上升也。阮氏校勘記十行本、閩監本升誤外。

君子以飲食宴樂

宴安也余蕭客古經鉤沈引影宋本釋文二阮氏校勘記釋文宴徐烏殄反安也下同宋本下作干誤据此則余氏所引乃訛板也丁教授亦云宋本釋文更有注云宴安也

初九需於郊利用恒無咎

郊乾坎之際也張云初乾應四坎下云北郊也既已受命進道北郊未可以進故曰需於郊謂臣受其命而出則未知其謂何使也處不避汙出不辭難臣之常節也得位有應故曰利用恒雖小稽留終於必達故曰无咎乾坎之際謂亥子之交也由西北方進正北方故曰進道北郊互體有兌世文在兌澤之上坎水之下故曰汙坎為蒺棘故曰難坤為臣道故曰臣之常節世文六四應在初九故曰得位有應

訟䷅坎下乾上离宮游魂卦遯消卦也候在三月

訟有孚窒

訟離之游魂也離為戈兵此天氣將刑殺張云四世卦陰主八月故天氣將刑殺聖人將用師之卦也謂武王觀兵訟不親也兆民未識天

命不同之意虞翻曰乾為金離火斷乾燥而煉之故為戈兵也前漢書刑法志大刑用甲兵又序卦云訟必有衆起故受之以師故曰天氣將刑殺聖人將用師之卦

象曰天與水違行訟君子以作事謀始

省民之情以制作也武王故先觀兵孟津蓋以卜天下之心越絕書文王死九年天下八百諸侯皆一旦會於孟津之上不言同辭不呼自來盡

故曰作事謀始也知武王忠信欲從武王與之伐紂則天下之心可知矣

師☷☵坎下坤上坎宮歸魂卦消息卦謙三降二侯在四月

行險而順以此毒天下而民從之

坎為險坤為順兵革刑獄所以險民也毒民於險中而得順道者聖王之所難也毒荼苦也五刑之用斬刺肌體六軍之鋒殘破城邑皆所以荼毒姦宄之人宄張本作凶使服王法者也故曰以此毒天下而民從之毒以治民明不獲已而用之故

集解。張云：按象注則小人勿用謂勿用此文之義而用師也，開國承家用荀宋説。

於象象六爻皆著恐懼之辭也。案馬融訓毒爲治，崔憬訓毒爲亭毒，此云荼苦，是其異義也。虞氏逸象于坎爲獄爲暴之後繼以爲毒，已尊其先路矣。

上六：大君有命，開國承家，小人勿用。

大君，聖人也。有命，天命也。五常爲王位，張云：師以上爲王。至師之家而變其例者，上爲郊也。張云：上爲郊未聞。故易位以見武王親征，與師人同處於野也。离上九曰："王用出征，有嘉折首。"上六爲宗廟，張本作爲謂。武王以文王行，故正開國之辭於宗廟之爻，明己之受命，文王之德也。故《書·泰誓》曰："予克紂，非予武，惟朕文考无罪；受克予，非朕文考有罪，惟予小子无良。"開國，封諸侯也。承家，立都邑也。小人勿用，非所能矣。鄭康成曰：命，所受天命也。見《文選》注二十四。乾爲天，爲聖人，蓋消息之位，坤在於亥，下有伏乾，故云然。上爲郊，已見坤上爻注。武王親征，與師人同處于野，即坤野也。上爲宗廟，見《易·乾鑿度》。武王以文王行者，《史記·周本紀》所謂"爲文王木主，載以車，中軍。武王自稱太子發，言奉文王以伐，不

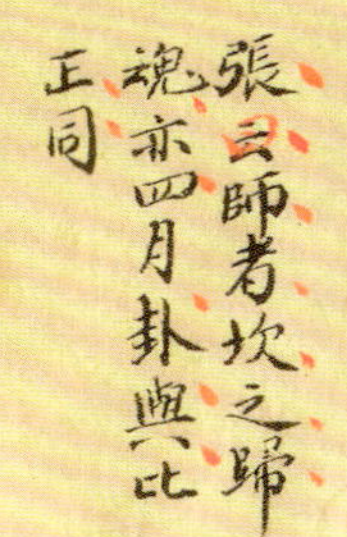

敢自專是也注引泰誓云云見禮記坊記鄭注此武王誓衆以伐紂之辭今太誓無此章則其篇散亡孔疏鄭不見古文尚書故也

象曰大君有命以正功也

湯武之事上專言武此兼及湯者順天應人一也

小人勿用必亂邦也

楚靈齊閔窮兵之禍也楚靈王伐吴遷許滅陳蔡其卒也公子比弑之于乾谿齊閔王攻燕舉之其卒也淖齒弑之于鼓里窮兵之禍驗矣楚靈名圍魯昭元年十一月弑其君麇而自立改名虔閔王名地史記田敬仲完世家作湣王

比䷇坤下坎上坤宮歸魂卦消息卦師二正五假在四月

比吉原筮元永貞不寧方來後夫凶

比者坤之歸魂也亦世於七月而息來在巳張云比假四月去陰居陽承乾之命義與師同也原卜也周禮三卜一曰原兆坤德

變化反歸其所張曰歸魂謂四方既同萬國既親故曰比吉考之蓍龜以謀王業大相東土卜惟洛食遂乃定鼎郟鄏卜世三十卜年七百德善長於兆民戩祿永於被業故曰原筮元永貞逆取順守居安如危故曰无咎天下歸德不唯一方故曰不寧方來後服之夫違天失人必災其身故曰後夫凶也歸魂

三世所主與三世卦同三世卦陰主七月三陰在申也坤三爻注所謂陰氣在三七月之時自否來也惠定宇易漢學曰七月辰在申四月辰在巳故云去陰居陽乾為辟故云永乾命師亦世於七月而息在巳周禮春官太卜掌三兆之法一曰玉兆二曰瓦兆三曰原兆鄭注原田也有周之兆釋文兆亦作兆此云三卜訛當作三兆大相東土卜惟洛食周書洛誥文相釋詁云視也鄭康成注洛誥曰觀召公所卜之處皆可長久居民使服田相食孫淵如書疏云此解經惟洛食之義僞孔以為龜兆食墨非也食墨不必盡吉且周禮占人云凡卜君占體大夫占色史占墨卜人占坼卜洛是王之事宜占體不宜占墨也漢書王莽傳云予乃卜波水之北郎池之南惟玉食予又卜金水之南明堂之西亦惟玉食仿此文洪範云惟辟玉食則知食為玉食此土也顔師古注玉為玉兆非是定鼎郟鄏卜世三十卜年七百者左氏宣三年傳文

張云六二乙巳主西方之情喜行寛大

杜注邶鄘今河南武王遷之成王定之春秋釋例河南縣西有邶鄘陌也戳禄猶戳穀被業猶蒙業後夫凶者荀爽云後夫謂上六逆理乘陽不比聖主其義當誅故其道窮凶也愚按以人事言之上世如魯語禹致群神於會稽之山防風氏後至殺而戮之驗之成周如奄及淮夷之類是也

六二比之自内貞吉

二在坤中坤國之象也得位應五而體寛大君樂民人自得之象也故曰比之自内貞吉矣前漢書翼奉傳喜行寛大已酉主之孟康注金生於已盛於酉金之為物喜以利刃加於萬物故為喜利刃所加無不寛大故曰寛大也六二乙巳火爻上亦有應五之象本卦初與三皆失位得位惟二孤立無朋雖上應九五不免為群陰所蔽則惟自修德政使民以和樂以蘄告無罪於聖明而已故象曰比之自内不自失也

六三比之匪人象曰比之匪人不亦傷乎

六三乙卯坤之鬼吏張云坤屬土乙卯木克土為鬼在比之家有土之君也

比建萬國文皆象諸侯周為木德卯為木辰同姓之國也卯

張本云當作家

主東方之情怒行陰賊爻失其位辰體陰賊管蔡之象也比建萬國惟去此人故曰比之匪人不亦傷王政也案游魂歸魂為鬼易比坤之歸魂卦自游魂需卦下三爻皆變乾復歸坤而世在三伏為乾三甲辰飛為坤三乙卯坤土也卯木也土以木為鬼三為卿又為三公故曰鬼吏在地上故為有土之君周為木德說已見屯卦前漢書翼奉傳怒行陰賊亥卯主之卯木以陰氣賊害土故為陰賊也云管蔡之象者史記管蔡世家文王長子曰伯邑考次曰武王發次曰管叔鮮次曰周公旦次曰蔡叔度次曰曹叔振鐸次曰成叔武次曰霍叔處次曰康叔封次曰冉季載武王已克殷平天下封功臣昆弟于是封叔鮮于管封叔度于蔡二人相紂子武庚祿父治殷遺民武王崩成王少周公旦專王室管叔蔡叔疑周公之為不利于成王乃挾武庚以作亂周公旦承成王命伐誅武庚殺管叔而放蔡叔是其事也注末也字志林作乎

六四外比之貞吉象曰外比於賢以從上也

四為三公在比之家而得其位上比聖主下御列國方伯之象也能外親九服賢德之君務宣上志綏萬邦也故曰外比於賢以從上也案四為三公見乾鑿度在比之家家舊誤作象今改正聖主謂九五列國謂坤凡卦下卦

正

為內上卦在外故先儒皆謂外比之賢即上得位故賢也

小畜☴☰乾下巽上巽宮一世卦消息卦需上變為巽候在四月

闕

履☰☱兌下乾上艮宮五世卦消息卦訟初變為兌候在六月

九五夬履貞厲象曰夬履貞厲位正當也

夬決也居中履正為履貴主萬方所履一決於前恐決失正恒懼危厲故曰夬履貞厲位正當也五得位故貞无應故厲

泰☷☰乾下坤上坤宮三世卦息卦自否反候在正月

否☰☷坤下乾上乾宮三世卦消息自泰反候在七月

同人☰☲離下乾上離宮歸魂卦消息卦息師為同人候在七月

以上三卦闕

大有☲☰乾下離上乾宮歸魂卦消息卦息比為大有內卦候在四月外卦五月

釋文○張云漢上易引作燕也

釋文○張只周易玩辭引作彧蒲貌

九三公用亯于天子 亯香兩反○釋文

亯宴也 案左氏傳宣十六年周定王曰王亯有體薦宴有折俎君當亯卿當宴成十二年晉郤至曰亯以訓共儉宴以示慈惠是亯與宴之禮判然不同注特渾淪言之耳然鄭康成注需卦象辭君子以飲食宴樂云宴亯宴也則其來已久矣 阮氏校勘記曰亯宋本盧本同十行本閩本監本亯作亨

九四匪其彭无咎

彭亨驕滿貌 蒲余萧客古經解鉤沈引玩辭三作彧詩大雅蕩女炰烋乎中國毛傳炰烋猶彭亨也韓愈石鼎聯句詩亦有豕腹脹彭亨之語

謙☷☶ 艮下坤上兌宮五世卦消息卦剝上反三候在十二月

豫☳☷ 坤下震上震宮一世卦消息卦復初之四內卦候在二月外卦三月

隨☱☳ 震下兌上震宮歸魂卦消息卦否上之初候在二月

蠱☶☴ 巽下艮上巽宮歸魂卦消息卦泰初之上候在三月

臨☷☱ 兌下坤上坤宮二世卦息卦候在十二月

觀☷☴坤下巽上乾宮四世卦消卦候在八月

以上六卦闕

噬嗑☲☳震下離上巽宮五世卦消息卦否五之坤初坤初之否五候在十月

初九屨校滅趾无咎

趾足也屨校貫械也初居剛躁之家張云震為躁卦初陽剛體貪狼之性震初庚子子北方之性愛行貪狼以震掩巽巽宮三世變巽為震震長男巽長女强暴之男也行侵陵之罪以陷屨校之刑故曰屨校滅趾得位於初顧震知懼小懲大戒懲張本作徵云古徵通以免刑戮故曰無咎矣爾雅釋言趾足也震為足居初故有趾之象貫械謂梏其行也震為決躁故曰剛躁之家前漢書翼奉傳好行貪狼申子居之震初九庚子故曰體貪狼之性又董仲舒傳秦以貪狼成俗顔師古注狼性皆貪故謂貪為貪狼也舊本狼作很今改正世至五巽體不見震為長男故曰以震掩巽强暴之男也

象曰屨校滅趾不行也

不敢遂行強也

賁䷕離下艮上艮宮一世卦消息卦泰上之乾二乾二之坤初候在八月

觀乎天文以察時變觀乎人文以化成天下

四時之變縣乎日月聖人之化成乎文章觀日月而要其會通觀人文而化成天下此即日月在天成八卦之說也離為夏互體震坎震春坎冬泰卦互體兌本卦初二及三四均半體兌兌為秋離坎又為日月故四時之變縣乎日月乾為聖人又為天坤為萬國坤六五曰文在中六三曰含章故曰聖人之化成乎文章含萬物而化光亦坤之義也離為目故曰觀

六五賁于丘園束帛戔戔戔素干反

周禮釋文考工記鮑人則是以博為帴也帴音踐鄭康成云或者讀為羊豬戔之戔沈云馬融音淺干寶為殘與周易戔戔字之同亦音素干反不知其義或云字則如沈釋而羊豬戔之語未見出處俗謂羊豬脂為腨音素干反豈取此乎案周禮注殘餘字本多作戔宜依殘音愚按戔戔子夏傳作殘殘常侍以戔為殘本此

上九白賁无咎象曰白賁无咎上得志也

張云不从象氏作臻至

白素也延山林之人采素士之言以飾其政故上得志也韓詩外傳山林之士往而不能反素士謂寒、素之士也魏志賈詡傳弼素士之業

剝䷖坤下艮上乾宮五世卦消卦九月卦也

復䷗震下坤上坤宮一世卦息卦之始十一月卦也

无妄䷘震下乾上巽宮四世卦消卦遯上之初候在九月

大畜䷙乾下艮上艮宮二世卦消息卦萃五之復二候在八月

頤䷚震下艮上巽宮游魂卦消息卦晉四之初候在十一月

大過䷛巽下兌上震宮游魂卦消息卦大壯五之初候在十月

以上六卦闕

坎䷜坎下坎上純卦方伯卦也初六冬至上六驚蟄與離旁通

象曰水荐至案釋文洊干作荐盧氏考證云錢本神廟本雅雨本荐皆作薦平湖孫氏云此荐字與郭璞爾雅注引同舊本釋文亦作

張云坎主冬至用事以中孚初七十三分土月天氣閉塞又失位故為失中坎象執法也

薦爾雅釋言荐再也小爾雅云荐重也大雅雲漢篇饑饉薦臻毛傳薦重也正義云此薦與荐字異義同

初六習坎入於坎窞也

窞坎之深者也江河淮濟百川之流行乎坎中水之正也及其為災則泛溢平地而入於坎窞是水失其道也刑獄之用必當於理刑之正也及其不平則枉濫无辜是法失其道也故曰入於坎窞凶矣案初六居本卦之最下故王肅曰窞坎底也與注義同百川之流行乎坎中志林本作地中坎為法律故薰刑獄言之

六三來之坎坎險且枕入於坎窞勿用象曰來之坎坎終无功也

坎十一月卦也爻失其位張本爻亦作又喻殷之執法者失中之象也來之坎坎者斥周人觀釁於殷也枕安也險且枕者言安忍以暴政加民而无哀矜之心淫刑濫罰百姓无所措手足

故曰来之坎坎終无功也坎六三當主十二月中此云十一月卦者以方位言坎正北方於時為子也文失其位之文舊誤作又今改正六三以陰爻居陽位殷為水德與坎德同故以喻殷之執法者不中之象三至四互體有震震木德故以喻周人觀釁於殷所指也見後漢孔融傳注陰且枕之枕晁氏引于注作椸

離☲☲離下離上純卦方伯卦也初九夏至上九白露與坎旁通

闕

下經

咸☱☶艮下兑上兑宮三世卦消息卦坤三之上成女乾上之三成男候在五月

恒☳☴巽下震上震宮三世卦泰息卦乾初之坤四內卦候在六月外卦七月

遯☰☶艮下乾上乾宮二世卦陰消始二六月卦也

大壯☳☰乾下震上坤宮四世卦陽息泰二月卦也

晉☲☷坤下離上乾宮游魂卦消卦觀四之五候在二月

以上五卦闕

集解○張云此文位遠近之例

張云承據例諸家唯以陰承陽干則凡在下者曰承

明夷☷☲ 離下坤上坎宮游魂卦息卦臨二之三候在九月

六四入於左腹獲明夷之心於出門庭

一為室二為户三為庭四為門故曰於出門庭矣 自内而外故一為室二為户三為庭四為門也節初九曰不出户庭九二曰不出門庭亦自内而外之義注末矣字孫淵如集解作也

家人☴☲ 離下巽上巽宮二世卦消息卦遯初之四候在五月

睽☲☱ 兑下離上艮宮四世卦消息卦大壯上之三无妄二之五候在十二月

以上二卦闕

蹇☵☶ 艮下坎上兑宮四世卦消息卦觀上反三候在十一月

九五大蹇朋來象曰大蹇朋來以中節也

在險之中而當上位故曰大蹇此蓋以託文王為紂所囚也

承上據四應二衆陰並至此蓋以託四臣能以權智相救也

故曰以中節也 坎為險五位志林本作五位尚書大傳云西伯既戡耆紂囚之牖里散宜生閎夭南宫适

于

相與學訟于太公以免乎牖里之害太平御覽八十四引帝王世紀云文王晏朝不食以延四方之士是以太顛閎夭散宜生南宮适之屬咸至是爲四臣詩大雅緜疏引鄭康成書君奭注云詩傳說有疏附奔走先後禦侮之人而曰文王有四臣以受命此之謂也權智相救即九卦巽以行權之義

解☳☵ 坎下震上 震宮二世卦息卦臨初之四候在二月

損☶☱ 兌下艮上 艮宮三世卦息卦泰初之上候在七月

以上二卦闕

益☴☳ 震下巽上 巽宮三世卦消息卦否上之初候在正月

六二或益之十朋之龜弗克違永貞吉王用享於帝吉

聖王先成其名而後致力於神故王用享於帝在巽之宮 張云 益巽五世卦 處震之象是則蒼精之帝同始祖矣 聖王先成民而後致力于神左氏桓六年隨季梁語也先成其民者謂初爻辭利用爲大作大作謂耕種震爲稼成民之事莫大乎此蒼精謂文王太平御覽八十四引春秋感精符曰孔子案錄書含觀五常英人知姬昌爲蒼帝精蓋東方蒼帝文王所感生者也禮記禮器

魯人將有事于上帝，必先有事于頖宫。鄭康成注：上帝，周所郊祀之帝，謂蒼帝靈威仰也。周始祖爲高嚳，高辛氏以木德王，亦蒼帝之精，故曰同矣。

六三：益之用凶事，无咎。有孚中行，告公用圭。象曰：益用凶事，固有之也。

固有，如桓文之徒，罷近篡弑，功實濟世。六三失位而體奸邪，張云：震三庚辰，辰主上方之情，樂樂行姦邪。處震之動，懷巽之權，巽以申命，以行權，是矯命之士，爭奪之臣，桓文之文也。故曰益之用凶事。在益之家，而居坤中，能保社稷，愛撫人民，故曰无咎。既乃中行近仁，故曰有孚中行。然後俯列盟會，仰致錫命，故曰告公用圭。易乾鑿度：三爲三公。以陰交居陽位，不得其正，而處互體坤之中，坤爲萬國，有主盟中夏之象。桓文挾天子以令諸侯，矯一王之命，奪命討之權，不善學之，則流爲莽操，故曰罷近篡弑。前漢書翼奉傳：樂行姦邪，辰未主之，本文庚辰土，故曰失位而體奸邪。桓以魯莊九年即位，九合諸侯，存三亡國，諸侯稱仁焉。僖九年，會于葵邱，天子賜胙命無下拜，霸功盛

張云互卦例

矣文以僖二十四年即位出定襄王入務利民出穀戍釋宋圍城濮之役一戰而霸王享醴命之宥策為侯伯盟諸侯于王庭在僖二十八年其先之辭秦使也秦穆公稱為仁所謂中行近仁而俯列盟會仰致錫命也事具左氏傳此特其大畧耳中行近仁之仁一本作人

夬䷪乾下兌上坤宮五世卦息卦三月卦也

告自邑

殷民告周以紂無道翟元曰坤稱邑也愚按卦自坤來世至五則陰避尊位而陽居之如殷民迎武王出國都以待於郊之象也

孚號有厲其危乃光也

夬九五則飛龍在天之爻也應天順民以發號令故曰孚號

以剛決柔以臣伐君張云武王伐紂之事也剛決柔而衆臣伐君蓋以湯自下升以至五也蓋易象於是大謬矣

君子危之故曰有厲德大而心小功高而意下故曰

其危乃光也案卦將成乾故九五與乾九五同義也以剛決柔然象辭明曰剛決柔今從盧本蓋謂以乾九

別本作以柔決剛

張本亦云即當為而

集解 張云蓋以初為瓜二為杞

張云春禴殷禮

今從盧本萃謂以乾九五之剛決去坤六五之柔也陽自下漸升至五有以臣伐君之象德大而心小而舊作即今从志林本改正

姤三三巽下乾上乾宫一世卦消卦五月卦也

九五以杞包瓜

初二體巽為艸木二又為田張云虞氏象例田中之果柔而蔓者瓜之象也初二為地易二為田者即乾九二見龍在田也

萃三三坤下兌上兌宫二世卦消息卦觀上之四候在八月

闕

升三三巽下坤上震宫四世卦息卦臨初之三候在十二月

九二孚乃利用禴无咎象曰九二之孚有喜也

剛中而應故孚也又言乃利用禴於春時也非時而祭曰禴然則文王儉以恤民四時之祭皆以禴禮神尚德與信不求

備也故既濟九五曰東鄰殺牛不如西鄰之禴祭實受其福九五坎坎為豕然則禴祭以豕而已張云用鄭禮記注不奢盈於禮盈張本作淫故曰有喜矣剛中謂本文應謂六五釋文禴馬融王肅皆謂殷春祭名蓋本禮記王制祭統王制天子四時之祭春曰礿夏曰禘秋曰嘗冬曰烝注云此蓋夏殷之祭名周則改之春曰祠夏曰礿疏云礿薄也春物未成祭品鮮薄祭統凡祭有四時春祭曰礿夏祭曰禘云云注云謂夏殷時禮礿與禴字異義同而周禮春官大宗伯則曰以祠春高先王以禴夏高先王爾雅釋文春祭曰祠夏祭曰礿毛詩天保禴祠烝嘗傳同易既濟九五鄭康成注禴夏祭之名天保孔疏謂周公制禮乃改夏為禴据既濟鄭注則文王時已改是亦可備異義也非時謂非春時既濟東鄰謂紂西鄰謂文王

困䷮坎下兌上兌宮一世卦消卦否二之上候在九月

初六臀困於株木

兌為孔穴張云逸象坎為隱伏隱伏在下而漏孔穴臀之象也初六戊寅木亦困於株木之象也張云若以兌為孔穴則出隱伏之上非臀象尤非初象干氏取象其疏如此

張本作假

井䷯巽下坎上震宮五世卦息卦泰初之五候在五月

井改邑不改井无喪无得往來井井汔至亦未繘井羸其瓶凶

水殷德也木周德也張曰坎為水巽為木又井震宮五世卦震木變坎水夫井德之地也所以養民性命而清潔之主者也自震化行至於五世改殷紂比屋之亂俗而不易成湯昭格之法度也故曰改邑不改井二代之制各因時宜損益雖異括囊則同張曰括囊猶大致也故曰无喪无得往來井井也當殷之末井道之窮故曰汔至周德雖興未及革正故曰亦未繘井井泥為穢百姓无聊比屋之間交受塗炭故曰羸其瓶凶矣上卦坎故以喻殷德震宮五世故以喻周德也

昭格詩商頌長發木作昭假假音古雅反毛傳音格說文假至也引虞書堯典格于上下作假王逸注招魂蘭芳假些所引同又白虎通巡守篇引堯典歸格於藝祖尚書大傳引咎繇謨祖考來格均作假則假乃古文格亦可通用也志林本及易漢學均改作假而舊本實作格今姑仍之本卦自泰來泰六五來之初損陽文為陰文初九往之五益陰文為陽文

故曰往來井井六四與坤四同義坤四爻辭曰括囊无咎无譽象辭曰括囊无咎慎不害也則置无譽不言矣井卦辭曰无喪无得六四爻辭曰井甃无咎象辭同則置无得不言矣所謂損益雖異括囊則同也岱南閣孫本括囊作囊括无卿作无仰亦通今從盧本比屋之間屋舊作者非是今從姚本改正

初六井泥不食舊井无禽

在井之下體本土爻張云巽初辛丑丑為土故曰泥也井而為泥則不可食故曰不食此託紂之穢政不可以養民也舊井謂殷之末喪師也亦皆清絜无水禽之穢又況泥土乎故曰張本無曰字舊井无禽矣巽初六辛丑土故曰體本土爻九家易巽為鶴虞氏易象離為鳥泰未成井巽離象皆不見故曰舊井无禽

九三井渫不食為我心惻可用汲王明並受其福象曰井渫不食行惻也求王明受福也

此託殷之公侯時有賢者獨守成湯之法度而不見任謂微

上 闕

則

箕之倫也故曰井渫不食為我心惻惻傷悼也民乃外附故曰可用汲周德來被故曰王明王得其民民得其王故曰求王明受福也按乾鑿度三為三公九三得位有應而无據故以記殷之賢公侯不見任於紂也禮記王制疏引鄭志云張逸問殷爵三等公侯伯尚書有微子箕子何答云微子箕子畿內采地之爵非畿外治民之君故云子據此明注意謂微箕食采貴視公侯也荀爽曰渫去穢濁清絜之意也三得正故曰井渫不得據陰喻不得用故曰不食道既不行故我心惻王得其民之得一本作德

六四井甃无咎

以甎壘井曰甃按子夏傳甃治也馬融曰為瓦裏下達上也其義同也

上六井收网幕有孚元吉

案今易网作勿釋文勿干本作网許慎說文有网部云网庖犧氏所結繩以田以漁也或加亡作罔或从糸作䋄玉篇亦云网與罔䋄並同但据下无覆水泉云云則又作无字解與勿義正同也

象曰元吉在上大成也

處井上位在瓶之水也故曰井收幕覆也井以養生政以養德无覆水泉而不惠民无濫典禮而不興教故曰井收冈幕冈幕而教信於民民服教則大化成也案馬融曰收汲也汲則水在瓶中其義實相成也

革䷰離下兑上坎宮四世卦消息卦遯上之初侯在三月

己日乃孚革而信

天命已至之日也乃孚大信著也武王陳兵孟津之上諸侯不期而會者八百國皆曰紂可伐矣武王曰爾未知天命未可也還歸二年紂殺比干囚箕子爾乃伐之所謂己日乃孚革而信也殷水德坎宮世至四則坎象不見故曰革乾為天巽為命三至五二至四互體有乾巽故曰天命已至之日也尚書大傳太誓所謂白魚入于舟中有火流于王屋化為赤烏三足皆其證也餘見史記周本紀觀兵孟津而還歸者越絕書云是時比干箕子微子尚在武王賢之未敢伐是也釋文云革而信之一本無之字今觀注末所述經語

是干本同也

天地革而四時成湯武革命順乎天而應乎人革之時大矣哉

革天地成四時誅二叔除民害天下定武功成故大矣哉也

按武王已革殷命不待周公誅二叔始定天下也注義未詳恐係傳録之誤

初九鞏用黃牛之革

鞏固也離為牝牛張曰用荀氏逆象離文本坤離得坤黃牛之象也坤色黃在革之初而无應據未可以動故曰鞏用黃牛之革此喻文王雖有聖德天下歸周三分有二而服事殷是其義也

鞏訓固本馬融注離卦辭畜牝牛吉故離為牝牛坤二五之乾成離故離文本坤坤為牛見說卦又離為牝牛坤為黃並見九家易逆象凡卦初爻皆无據此云在革之初无應據者以无應而類及之也注末諸本無是字今從志林本補

九四悔亡有孚改命吉象曰改命之吉信志也

爻入上象喻紂之郊也張曰下卦為內上卦為外故四象紂郊以逆取而四海

順之動凶器而前歌後舞故曰悔亡也中流而白魚入舟天命信矣故曰有孚甲子夜陳雨甚至水德賓服之祥也故曰改命之吉信志也詩大雅大明疏引書序注云牧野紂南郊地名離南方卦文入上象在離之外故喻紂之南郊上謂上卦也離為甲胄為戈兵故曰凶器前歌後舞及白魚入舟見尚書大傳太誓史記周本紀不舉赤烏而專言白魚者取水德賓服之義漢書終軍傳白魚登舟順也張晏注周木德也舟木也殷水德魚水物魚躍登舟象諸侯順周以紂畀武王也甲子二月五日周語伶州鳩曰武王以二月癸亥夜陳未畢而雨以夷則之上宮畢主以黃鍾之下宮布戎於牧之野漢書律歷志云序曰一月戊午師渡於孟津至庚申二月朔日也四日癸亥至牧壄夜陳甲子昧爽而合是夜陳皆屬癸亥言此獨言甲子夜陳者詩大明會朝清明書粹中從鄭箋為辭云書武成陳于商郊俟天休命孔安國傳休命謂夜雨至而畢陳六韜言武王東伐至河上雨甚雷疾太公率衆先涉然則至畢陳乃雨止而清明據此當是甲子子丑時雨寅卯時問霽故可言癸亥夜亦可言甲子夜也至呂氏春秋貴因篇武王伐紂至鮪水紂使膠鬲候周師問武王曰西伯何時至曰將以甲子日至膠鬲行矣大雨日夜不休武王疾行不輟曰吾疾行以救膠鬲之死也不定是甲子日未可援以為證矣

張云卒當為率

上六君子豹變小人革面征凶居貞吉象曰君子豹變其文蔚也小人革面順以從君也

君子大賢次聖之人謂若太公周召之徒也豹虎之屬蔚炳之次也君聖臣賢殷之頑民皆改志從化故曰小人革面天下既定必倒載干戈包之以虎文將率之士使為諸侯故曰征凶居貞吉得王有應君子之象也注所述見禮記樂記天下已定武不可黷故征凶示天下以不復用兵故居貞吉將率之率舊本作卒非是今據史記樂書改正今本禮記作帥釋文帥本又作率所類反詩小雅采薇小序命將率音義同必倒載干戈至使為諸侯十八字義海本作當偃武不用五字想係節文

鼎䷱巽下離上離宮二世卦消息卦大壯上之初內卦候在五月外卦六月

六五鼎黄耳金鉉利貞

凡舉鼎者鉉也尚三公者王也金喻可貴中之美也故曰金鉉鼎得其物施令得其道故曰利貞案三公謂三也三爻鼎耳華其行塞尚之

張本亦有也字

則施令道亨矣注末志林本有也字張本同

上九鼎玉鉉大吉无不利象曰玉鉉在上剛柔節也

玉又貴於金者凡亨飪之事自鑊升於鼎載於俎自俎入於口馨香上達動而彌貴故鼎之義上文愈吉也鼎主亨飪不失其和金玉鉉之不失其所公卿仁賢天王聖明之象也君臣相臨剛柔得節故曰吉无不利也

案書洪範曰金從革馬融注金之性從人而更可銷鑠謂順人之意變易以成器也六五陰爻似之白虎通文質篇引禮記王度曰玉者象君子之德燥不輕濕不重是以人君寶之五音集韻烈火不能燒者真玉也上九陽爻似之五常為王位上為宗廟至鼎新之世而變其例者宋衷曰兌為金又正秋故曰金鉉公侯謂五也上尊故玉下卑故金金和良可柔屈喻諸侯順天子又曰以金承玉君臣之節上體乾為玉故曰玉鉉雖非其位陰陽相承剛柔之節也其義可參觀矣

震䷲ 震下震上紀卦方伯卦也初九春分上六芒種

震亨震來虩虩笑言啞啞震驚百里不喪匕鬯象曰震亨震來

張云說匕鬯用鄭

里

虩虩恐致福也笑言啞啞後有則也震驚百里驚遠而懼邇也
出可以守宗廟社稷以為祭主也
周木德震之正象也為殷諸侯殷諸侯之制其地百里是以
文王小心翼翼昭事上帝聿懷多福厥德不回以受方國故
以百世而臣諸侯也為諸侯故主社稷為長子而為祭主也
祭禮薦陳甚多而經獨言不喪匕鬯者匕牲體薦鬯酒人君
所自親也震以木為身故曰周木德震之正象逸禮王度記曰諸侯封不過百里象雷震百里也漢司徒丁恭曰古者帝王封諸侯不過百里故利以建侯取法於雷注以為殷之制者禮緯含文嘉曰殷爵三等謂公侯伯禮記王制鄭注同孔疏殷之諸侯大者百里據此知百里爲上無增焉至周禮地官大司徒夏官職方氏皆有公五百里侯四百里伯三百里子二百里男百里之文雖兼附庸言之然已變成湯法度矣故以地百里爲殷諸侯之制也復引大雅大明之詩以證之毛傳回違也鄭箋方國四方來附者震爲方伯卦又為東方蒼帝而文王爲蒼帝之精故以文王言也鄭注本卦不喪匕鬯云人君於祭之禮匕牲體薦鬯而已其餘不親爲也升牢於俎君匕之臣載之鬯秬酒芬芳條鬯因名焉注義

本之匕牲體之匕平湖孫本作上非是

初九震來虩虩後笑言啞啞吉

得震之正首震之象者震來虩虩羑里之戹也笑言啞啞後受方國也得震之正謂以陽爻居陽位首震之象謂初爻也

六二震來厲億喪貝躋于九陵勿逐七日得象曰震來厲乘剛也

六二木爻震之身也得位无應而以乘剛為危此託文王之張本無之字積德累功以被囚為禍也故曰震來厲億歎辭也貝寶貨也產乎東方行乎大塗也張云據閎夭之徒於江淮之浦求得大貝江淮東南亦得云東方也震為東方為大塗此以喻紂拘文王閎夭之徒乃於江淮之浦求盈箱之貝而以賂紂也故曰億喪貝貝水物而方升於九陵今雖喪之猶外府也故曰勿逐七日得七日得者七年之

日也。故書曰誕保文武受命惟七年是也。惠氏易漢學曰：震為木，六二庚寅亦木也。故曰震之身。然則乾之九四壬申金，坎巽離之上爻戊子水、辛卯木、己巳火，兑之九五丁酉金，皆身也。坤艮有二身，坤初六乙未、六四癸丑，艮初六丙辰、六四丙戌，皆土也。釋文：德本又作惪，同。於其反辭也。虞翻注：情辭意同。說文：貝，海介蟲也。居陸名猋，在水名蜬。古者貨貝而寶龜，產乎東方，行乎大塗，皆以震言之，見說卦。尚書大傳：西伯戕耆，紂囚西伯於牖里。散宜生之江淮之浦，取大貝大如大車之渠，陳於紂之庭。史記周本紀則謂閎夭之徒求美女美寶而獻之紂，紂大悅，乃赦西伯。故注亦言閎夭之徒也。箱，大車之箱也。外府之說，乃晉荀息答獻公者，見左氏僖二年傳，公羊、穀梁傳同。云勿逐七日得者，虞翻云：震數七，故七日得也。七年之日，當據左傳為訓。左襄三十一年傳：衛北宮文子曰：紂囚文王七年，諸侯皆從之囚，紂於是乎懼而歸之。孔穎達疏：尚書無逸云文王受命唯中身，厥享國五十年，則文王在位歷年多矣，未知何時被囚也。周本紀稱紂赦西伯，賜之弓矢，使得征伐，其下乃云虞芮爭獄，俱讓而去，是虞芮質成之前被囚也。尚書傳稱文王一年質虞芮，二年伐邘，三年伐密須，四年伐犬夷，紂乃囚之，四友獻寶，乃免於虎口，出而伐耆。鄭元尚書注據書傳為說，以為四年囚之，五年釋之，即如所言，被囚不盈一年也。馬遷之言，當得其實。愚按：今本尚書大傳盧雅雨所輯，又謂西伯既戕耆，紂囚之牖里，赦後遺之伐崇，與孔疏所引不同。又戰國趙策謂拘於牖里之庫百日，並與左傳異說矣。

要之述古事者所聞不逮所見所傳聞不逮所聞即据北宮文子之言以詁乚日得之義亦自允協也注引書誕保文武受命惟乚年洛誥文也馬融注惟乚年周公攝政天下太平鄭康成注文王得赤雀武王俯取白魚受命皆乚年而崩及周公攝政不敢過其數也据此則注意正謂文王受命而得赤雀適合乚年之期與武王受命數同非舉文王之事而忽濫及周公也

艮☶☶ 艮下艮上純卦乾二五之坤觀五之三內卦候在九月外卦十月

闕

漸☴☶ 艮下巽上艮宮歸魂卦有卦否三之四候在正月

上九鴻漸於陸其羽可用為儀吉象曰其羽可用為儀吉不可亂也

處漸高位斷漸之進 張云斷字疑誤義未詳 順艮之書謹巽之全履坎之通據離之耀 張云互高坎 婦德既終母教又明有德而可受 受字亦疑誤 有儀而可象故曰其羽可用為儀不可亂也 案漸之進見本卦彖

辭本文上無文故曰斷漸之進艮六五言有序悔亡故曰順艮之言巽又為順也云謹巽之全者自四至上巽之爻畫已全也或全當作命巽象辭重巽以申命是也平湖孫本全作舍非是二至四為坎三至五為離以互體言坎為通離為火為日為電故曰耀漸卦辭女歸吉九三九五皆言婦至上九則婦德終而有母道矣據離故曰母教明也有德可受承坎之通言通故可受有儀可象承離之耀言耀故可象也

歸妹☳☱ 兌下震上兌宮歸魂卦息卦泰三之四內卦候在八月外卦九月

歸妹人之終始也

歸妹者哀落之女也父既沒矣兄主其禮子續父業人道所以相終始也 歸妹為兌宮歸魂之卦故曰哀落之女泰三之四乾體不見故曰父既沒矣震長男兌少女震兄嫁兌妹以坎離為夫婦故曰兄主其禮與漸卦義同息卦自泰來而成外卦之震故曰子續父業

象曰澤上有雷歸妹君子以永終知敝

雷薄於澤八月九月歸藏之時也君子象之故不敢恃當今之虞而慮將來之禍也 禮記月令仲秋之月雷始收聲歸妹內卦主秋分八月中外卦主寒露九

張云虞安也

月節故曰八月九月歸藏之時歸藏舊作將藏今從易漢學校改虞與娛通中孚初九虞吉荀爽注初應于四宜自安虞安虞猶安樂也孟子盡心章霸者之民驩虞如也丁公著音義云義當作驩娛古字通用耳又戰國策卷四齊策清靜貞正以自娛鄭注虞娛同樂也禮樂志虞泰一師古注亦如之與慮將來之禍舊無之字今以志林本校補宋鄭剛中周易窺餘引此注云故不敢恃一時之虞而有將來之慮意同語異豈別有所據耶

豐三三離下震上坎宮五世卦息卦泰二之四候在六月

豐亨王假之勿憂宜日中

豐坎宮陰世在五張云坎五世五陰文坴五世將游魂以其宜中而憂其昃也昃張本作側坎為夜張云子也離為晝張云午也以離變坎至於天位日中之象也殷水德坎象晝敗張云姚本作晝敗是也寫者因上有离為晝之文而誤目而離居之周代殷居王位之象也聖人德大而心小既居天位而戒懼不怠勿憂者勸勉之言也猶詩曰上帝臨爾无貳爾心言周德當天人之心宜居王位故宜日中世在六五故為坎宮

陰釋文假庚白反至也注云以離變坎至於天位是亦以至訓假也五為天子故曰天位代殷當作代殷無本可校不敢改也戒懼不怠以震卦義言之詩大雅大明之篇本作上帝臨女而曰臨爾者爾女同也書堯典咨伯女作秩宗白虎通王者不臣篇引作咨爾伯咎繇謨安女止史記夏本紀作安爾止盤庚今予將試以女遷一作爾遷皆爾女通用之證文選潘岳為賈謐作贈陸機詩云咨爾陸生善注毛詩曰咨爾殷商詩亦本作女也

九三豐其芾釋文宋本如此本或作其蔀非

釋文張云用鄭

芾祭祀之蔽膝案釋文云沛子夏作芾云小也鄭干作韋今岱南閣孫本周易集解阮芸臺周易注疏校勘記亦作韋盧抱經釋文考證云韋字乃後人臆改蓋訓小之芾乃蔽芾之芾鄭干作芾乃朱芾之芾二字義本不同今從宋本正愚按蔽芾之芾玉篇甫味切朱芾之芾說文分勿切不獨義不同音亦不同也又芾與韍通孔叢子陳士義篇孔子初相魯魯人謗誦曰麛裘而芾投之無戾芾之麛裘投之無郵芾一本作韠其證也

上六豐其屋蔀其家闚其戶闃其无人三歲不覿凶

在豐之家居乾之位張云震上庚戌戌為乾位乾為屋宇故曰豐其屋此蓋託紂之侈造瓊宮玉臺也蔀其家者以託紂多傾宮之女

造下張本有為字宮作室傾宮作傾國也

丁教授云當爲記

也社稷既亡宮室虛曠故曰闚其戶闃其无人覿也三者天地人之數也凡國於天地有興亡焉故王者之亡其家也必天示其祥地出其妖人反其常非斯三者亦弗之亡也故曰三歲不覿凶然則瓊室之成三年而後亡國矣居乾之位者五六為天易也乾為屋宇取在上覆芘之義瓊宮上志林本有為字玉臺下無也字帝王世紀紂造傾宮作瓊室瑤臺飾以美玉七年乃成其大三里其高十丈其大宮百其小宮七十三處尚書大傳武王入殷歸傾宮之女後漢書郎顗傳亦引之注兩託字衆家本皆作記非是此以象數託諸人事非記述之文也況前注託字屢見而或曰寄或曰喻其義皆同不應此處獨異今據理改正下做此凡國於天地有興亡焉與亡當作興立此本左氏傳昭三年秦后子對趙孟語不敢擅改姑存其說於此又周書大誓曰今殷王紂自絕於天毀壞其三正馬融注動逆天地人也見史記周本紀裴駰集解注以天地人之數詁經三歲亦是此意

旅䷷艮下離上　離宮一世卦　消卦否三之五　賁初之四　內卦候在三月　外卦四月

六五射雉一矢亡終以譽命象曰終以譽命上逮也

張云訓逮爲安也

逮安也。离爲雉，爲矢，巽爲木，爲進退，艮爲手，兌爲決。有木在手，進退其體，矢決於外，射之象也。一陰升乾，張云：离六五一陰入乾中。故曰一矢。履非其位，下又无應，雖復射雉，終亦失之，故曰一矢亡也。一矢亡者，喻有損而小也。此託祿父爲王者後，雖小叛擾，終逮安周室，故曰終以譽命矣。案：禮記孔子閒居「威儀逮逮」，鄭康成注：逮逮，安和之兌，故曰逮安也。離爲戈兵，矢，戈兵之屬，又離爲矢，見虞氏逸象，馬融、王肅同，見釋文。餘俱見說卦。巽兌以互體言，一體升乾，謂否三之五。祿父，紂子，即武庚也。詩破斧疏引書傳曰：武王殺紂，繼子祿父及管蔡流言，奄君薄姑謂祿父曰：武王已死，成王幼，周公見疑矣，此百世之時也，請舉事。然後祿父及商奄畔。成王二年，祿父就誅。故曰終逮安周室矣。

巽䷸ 巽下巽上，純卦，消卦，遯二月之四，內卦侯在七月，外卦八月。

兌䷹ 兌下兌上，純卦，息卦，大壯五之三，方伯卦也，初九秋分，上六大雪。

渙䷺ 坎下巽上，離宮五世卦，消否四之二，侯在六月。

以上三卦闕

張云華士少正卯之爻也　按張此說未詳所本

節☵☱兌下坎上坎宮一世卦息卦泰三之五候在七月

上六苦節貞凶悔亡

彖稱苦節不可貞在此爻也稟險伏之教懷貪狼之志以苦節之性而遇甘節之主必受其誅華士少正卯之爻也故曰貞凶苦節既凶甘節志得故曰悔亡坎為險為隱伏故曰稟險伏之數坎上六戊子子為北方水極盛之時變為貪狼故為貪狼也甘節之主謂九五太公誅華士孔子誅少正卯見家語始誅篇華士事見韓子外儲說右上云齊東海上有居士曰狂矞華士昆弟二人者立議曰吾不臣天子不友諸侯耕作而食之掘井而飲之吾無求於人也無上之名無君之祿不事仕而事力太公望至於營丘使吏執殺之以為首誅家語孔子為魯司寇七日而誅亂政大夫少正卯子貢曰夫少正卯魯之聞人也今夫子為政而始誅之或者為失乎孔子曰天下有大惡者五而竊盜不與焉心逆而險行辟而堅言偽而辯記醜而博順非而澤少正卯皆兼有之此乃人之奸雄者不可以不除荀子宥坐篇尹文子大道下篇畧同華士荀子作華仕

中孚☴☱兌下巽上艮宮游魂卦消息卦訟四之初候在十一月

張本糜作靡

九二鳴鶴在陰其子和之我有好爵吾與爾靡之

糜散也案釋文吾與爾靡之靡本又作糜散也干同埤蒼作糜别本釋文於本又作糜之糜仍誤作糜盧氏攷證用宋本校正今從之

小過䷽艮下震上兌宮游魂卦消息卦晉上之三內卦候在十二月外卦正月

闕

既濟䷾離下坎上坎宮三世卦息卦泰五之二候在十月

六二婦喪其髴勿逐七日得

髴馬髴也爾雅釋畜回毛在幹茀方疏謂旋毛在脅者名茀方注義殆有取於此則髴當作茀而其旨終不可得而詳馬融訓髴為首飾虞翻訓髴為鬒髮似於婦人尤相闕合又髴一作茀子夏傳作髢見釋文虞翻王肅同見李鼎祚集解

九三高宗伐鬼方三年克之小人勿用

高宗殷中興之君鬼北方國也高宗嘗伐鬼方三年而後克

所張本作攸

之離為戈兵故稱伐坎當北方故稱鬼在既濟之家而述先代之功以明周因於殷有所弗革也高宗小乙子即武丁也鬼北方國者山海經海內北經鬼國在貳負之尸北吳任臣謂即鬼方注殆指此若汲郡古文云武丁三十二年伐鬼方次于荊三十四年王師克鬼方此則本文明證但又非北方國與注意不合至後漢西羌傳武丁征西戎鬼方注引前書音義曰鬼方遠方并不以為國名矣此卦侯果以為殷亡周興之象崔憬謂九五居中當位於既濟之時是周受命之日蓋坎月離日方始日出東方東方為震蒼帝所出故注以周為既濟之家而以殷為先代也注鬼北方國也志林本鬼下有方字

未濟䷿坎下離上離宮三世卦消卦否二之五內卦候在十月外卦十一月

未濟亨小狐汔濟濡其尾无攸利

坎為狐說文曰汔涸也案剛柔失正故未濟也五居中應剛故亨也小狐力弱汔乃可濟水既未涸而乃濟之故尾濡而无所利也子夏傳坎為小狐九家易坎後亦有為狐之說狐性好隱伏坎為隱伏者亦取隱伏義也說文汔水涸也段玉裁云大雅民勞傳汔危也周易汔至亦未繘井小狐汔濟虞翻曰汔幾也皆引伸之義水涸為將盡之時故引伸

張本作禮

之義曰危曰幾也

象曰未濟亨柔得中也小狐汔濟未出中也

狐野獸之妖者以喻祿父中謂二也困而猶處中故也此以託紂雖亡國祿父猶得封矣案虞翻曰未出中謂二未變在坎中也義與此同云祿父得封者史記衛康叔世家所謂武王已克殷紂復以殷餘民封紂子武庚祿父比諸侯以奉其先祀勿絕是也又曰武王既崩成王少周公旦代成王治當國管叔蔡叔疑周公乃與武庚祿父作亂欲攻成周周公旦以成王命興師伐殷殺武庚祿父即下注所謂叛而被誅也託舊作記今改正

濡其尾无攸利不續終也

言祿父不能敬奉天命以續既終之祀謂叛而被誅也祀舊作禮傳錄之誤耳案史記殷本紀宋微子世家皆云立紂子武庚祿父以續殷祀即衛康叔世家所謂比諸侯以奉其先祀勿絕也作祀為協今改正

雖不當位剛柔應也

六爻皆相應故微子更得爲客也微子名啟紂庶兄史記避景帝諱改名開宋微子世家曰命微子開代殷後奉其先祀作微子之命以申之國於宋周頌詩序有客微子來見祖廟也故曰微子更得爲客也

九二曳其輪貞吉

坎爲輪离爲牛牛曳輪上以承五命猶東蕃之諸侯共攻三監以康周道故曰貞吉也坎爲弓輪見說卦坤本爲牛今屬之離者離卦辭畜牝牛吉故亦可言爲牛也云東蕃之諸侯共攻三監者魯周公世家曰伯禽即位之後有管蔡等反也淮夷徐戎亦並興反於是伯禽率師伐之於肸作肸誓是東蕃之諸侯即指禽父矣

六三未濟征凶利涉大川象曰未濟征凶位不當也

吉凶者言乎其得失也祿父反叛管蔡與亂兵連三年誅及骨肉故曰未濟征凶平克四國以濟大難故曰利涉大川坎也以六居三不當其位猶周公以臣而君故流言作矣史記周本紀周公奉成王命伐殷誅武庚管叔放蔡叔又曰初管蔡畔周公討之三年而定故豳風東山有自我不見於今三年之

張云干訓虞為安
故悔亡則虞
急緩張本作緩急

文也四國謂殷及管蔡霍大難謂坎陽湖孫本作大事非流言者荀子致仕篇云凡流言流說楊倞注流言者無根源之謂其事則書金縢所載是已

六五貞吉无悔君子之光有孚吉

以六居五周公攝政之象也故曰貞吉无悔制禮作樂復子明辟天下乃明其道乃信其誠故君子之光有孚吉矣 尚書洛誥四方民大和會大傳說周公營洛以觀天下之心於是四方諸侯率其群黨各攻位于其庭周公曰示之以力役且猶至況導之以禮樂乎然後敢作禮樂又云周公攝政一年救亂二年克殷三年踐奄四年建侯衛五年營成周六年制禮作樂七年致政是復子明辟即制作之明年也克殷謂誅武庚

繫辭上

是故吉凶者失得之象也悔吝者憂虞之象也

悔亡則虞有小吝則憂憂虞未至於失得悔吝不入於吉凶事有小大故辭有急緩各象其意也 案虞與娛同已見歸妹象辭注

張云用王肅

張云用鄭時震張本作存震

合張本作廣非張云合天地之數也

憂悔吝者存乎介

介纖介也見釋文虞翻王肅義同

故坤无方而易无體

否泰盈虛者神也變而周流者易也言神之鼓萬物无常方易之應變化无定體也否泰反其類也大往小來小往大來而盈虛見焉陰陽不測之謂神者也變而周流乃生生之謂易也

慎斯術也以往其无所失矣

釋文慎時震反鄭干同一本作順

大衍之數五十

衍合也案鄭康成曰衍演也王廙蜀才曰衍廣也此獨訓為合者蓋天一生水於北地二生火於南天三生木於東地四生金於西天五生土於中陽无耦陰无配未得相成地六成水於北與天一并天七成火於南與地二并地八成木於東與天三并天九成金於西與地四并地十成土於中與天五并大衍之數五十有五五行各氣并氣并而減五惟有

五十此亦康成之說見禮記月令正義漢書集注并合也惟合故可廣而演之其義實相足也許慎說文云衍水朝宗於海也亦有合義

張云用馬鄭王肅

古之聰明睿知神武而不殺者夫釋文殺馬鄭王肅干所戒反陸韓如字案殺音鎩者降也減削也禮大傳殺同姓也又禮器禮不豐不殺

是故易有大極是生兩儀

發初言是故總衆篇之義也案釋文王肅曰此章首獨言是故者總衆章之意與此意同

繫辭下

虣張本作暴

重門擊欜以待虣客

卒虣之客為奸寇也案豫為震宮一世卦飛為坤初乙未伏為震初庚子未為奸邪子為貪狼之體坎為盜又虞氏易逸象坎為暴為寇盜是虣客之義也

是故易者象也

言是故又總結上義也又下陽湖孫本有因字

精義入神以致用也

能精義理之微以得未然之事是以涉於神道而逆禍福也案神物謂蓍龜

君子知微知章知柔知剛萬夫之望

言君子苟達於此則萬夫之望矣周公聞齊魯之政知後世彊弱之勢辛有見被髮而祭則知為戎狄之居凡若此類可謂知幾也皆稱君子君子則以得幾不必聖者也案豫二伏為庚寅寅體康貞故稱君子姚信曰此謂豫卦也二下交初故曰知微上交於三故曰知章體坤處和故曰知柔與四同功故曰知剛周公事見史記魯世家云魯公伯禽之初受封之魯三年而後報政周公周公曰何遲也伯禽曰變其俗革其禮喪三年然後除之故遲太公亦封於齊五月而報政周公周公曰何疾也曰吾簡其君臣禮從其俗為也及後聞伯禽報政遲乃歎曰嗚呼魯後世其北面事齊矣所謂知後世強弱之勢者此也辛有事見左氏僖二十二年傳云初平王之東遷也辛有適伊川見被髮而祭於野者曰不及百年此其戎乎其禮先亡矣秋秦晉遷陸渾之戎於伊川杜預注計此去辛有

過百年而云不及百年傳舉其事驗不必其年信愚案自平王元年東遷至魯僖二十二年實周襄王之十四年共一百三十三年所謂知伊川為戎狄之居者此也

男女構精萬物化生

男女猶陰陽也故萬物化生張云言萬物則不言陰陽而言不主於男女

男女者以指釋損卦六三之辭主於人事也案虞翻云泰初之上成損艮為男兌為女故男女構精乾為精損反成益萬物出震故萬物化生也義可參看

辯物正言斷辭則備矣

辯物辯物類也正言言正義也斷辭斷吉凶也如此則備於經矣辯物二字舊不疊今從志林本易有四象所以示也繫辭焉所以告也定之以吉凶所以斷也其義皆於經備之矣

謙德之柄也

柄所以持物謙所以持禮者也虞翻曰坤為柄鄭康成曰謙亨者嘉會之禮以謙為主故

謙所以持禮也

其出入以度外內使知懼又明於憂患與故无有師保如臨父母

言易道以戒懼為本所謂懼以終始歸无咎也外為丈夫之從王事為張本作謂則夕惕若厲內謂婦人之居室則无攸遂也雖无師保切磋之訓其心敬戒常如父母之臨已者也案坤六三爻辭或從王事，乾九三爻辭夕惕若厲謂法坤德以圖有終者當體乾德以祈无咎也无攸遂在中饋貞吉家人六二爻辭也彖取順以巽之義則亦不離敬戒矣父母謂乾坤凡卦皆自乾坤來故如臨父母也

易之為書也原始要終以為質也

重發易者別昧旨也此專須卦爻之旨故曰別昧旨始謂初要終謂上崔憬注質體也

六爻相雜唯其時物也

一卦六爻則皆雜有八卦之氣若初九為震爻九二為坎爻

相

也或若見辰戌言艮己亥言兑也或若以甲壬名乾以乙癸名坤也或若以午位名離以子位名坎或若德來為好物刑來為惡物王興為興休廢為哀

案卦氣之說起於孟喜或於京房晉唐為易學者述祖焉初九為震爻九二為坎爻者乾坤之神運乎六子初四則震巽二五則坎離三上則艮兑乾主初三五坤貞二四上是也辰戌言艮己亥言兑者艮初六丙辰六四丙戌兑初九丁巳九四丁亥是也所以專舉初四者以初為内卦之始四為外卦之始也甲壬名乾乙癸名坤者京氏易傳曰分天地乾坤之象益之以甲乙壬癸陸績注乾坤二卦為天地陰陽之本故分甲乙壬癸陰陽之始終故魏伯陽參同契曰壬癸配甲乙乾坤括始終沈括云乾納甲壬坤納乙癸者上下包之也詳見集證京氏易八卦六位圖離南方午位坎北方子位故以午位名離子位名坎好物惡物本左氏昭二十五年傳子太叔曰生好物也死惡物也好惡樂也惡物哀也好呼報反惡烏路反德謂福德刑謂刑殺京房易積算法云孔子曰八卦福德為寶爻鬼為繫爻鬼即刑殺如乾初九甲子水坤上六癸酉金乃乾坤之子孫故為福德乾九三壬午火坤六三乙卯木為乾坤官鬼故為刑殺餘卦可類推也王相為興休廢為哀者唐六典曰凡易用四十九算分而揲之凡十八變而成卦又視卦之八氣王相囚死胎没休廢及飛伏世應而使焉按御覽五行休王論曰立春艮王震相巽胎離没坤死

張云五星天之經星也于易未聞四氣亥卯未木寅午戌火巳酉丑金申子辰水土無其中故四六親九族即父母兄弟子孫也官為夫財為妻福德刑殺福即德也殺即刑也

兑因乾廢坎休立夏巽王離相坤胎兑沒乾死坎囚艮廢震休立秋坤王兑相乾胎坎沒艮死震囚巽廢離休立冬乾王坎相艮胎震沒巽死離囚坤廢兑休六典以為卦之八氣者此也王充論衡所載畧同

其初難知其上易知本末也初辭擬之卒成之終初擬議之故難知卒終成之故易知本末勢然也按此統六十四卦之初上兩爻言之

道有變動故曰爻爻有等故曰物等羣也爻中之義羣物交集五星四氣六親九族福德刑殺衆形萬類皆來發於爻故總謂之物也象頤中有物曰噬嗑是其義也物以羣分故以等為羣五星五行之精歲星木熒惑火太白金辰星水填星土以之配[illegible]甲子水為辰星九二甲寅木為歲星九三甲辰土為[illegible]類是也四氣四時之氣如陽在乾初為十一月陰在坤初為五月之類是也六親前漢書禮樂志如淳注謂父子從父昆弟從祖昆弟曾祖昆弟族昆弟也九族書夏侯歐陽等謂父族四五屬之內為一族父女昆弟適人者與其子為一族己女昆弟適人者與其子為一族己之女子子適人者與其子

頤中有物與上諸例不合未詳

為一族母族三母之父姓為一族母之母姓為一族母女昆弟適人者與其子為一族妻族二妻之父姓為一族妻之母姓為一族皆據異姓有服者言古尚書則以自高祖至元孫凡九族皆同姓馬融同詩葛藟序周道衰棄其九族毛傳云九族者據己上至高祖下及元孫漢書高帝七年紀置宗正官以序九族是漢初以九族為同姓左氏桓六年傳[illegible]九族疏引鄭康成駮許慎異義云元之閒也婦人歸宗女子雖適人字猶繫姓明不得與父兄為異族喪服小記說服之義曰親親以三為五以五為九以此言之知高祖至元孫昭然察矣是鄭亦從古尚書說也以之配爻者京房易積算法曰天地為義爻福德為寶爻同氣為專爻陸績注天地即父母也福德即子孫也同氣兄弟爻也又左氏昭九年傳裨竈對子產曰火水妃也杜預注火畏水故謂之妃鄭康成注尚書鴻範云木八為金九妻是祖孫父子兄弟夫妻皆於爻中備之矣

物相雜故曰文文不當故吉凶生焉

其辭為文也動作云為必考其事令與爻義相稱也事不稱義雖有吉凶則非令日之吉凶也故元亨利貞而穆姜以死黄裳元吉南蒯以敗是所謂文不當也故於經則有君子吉

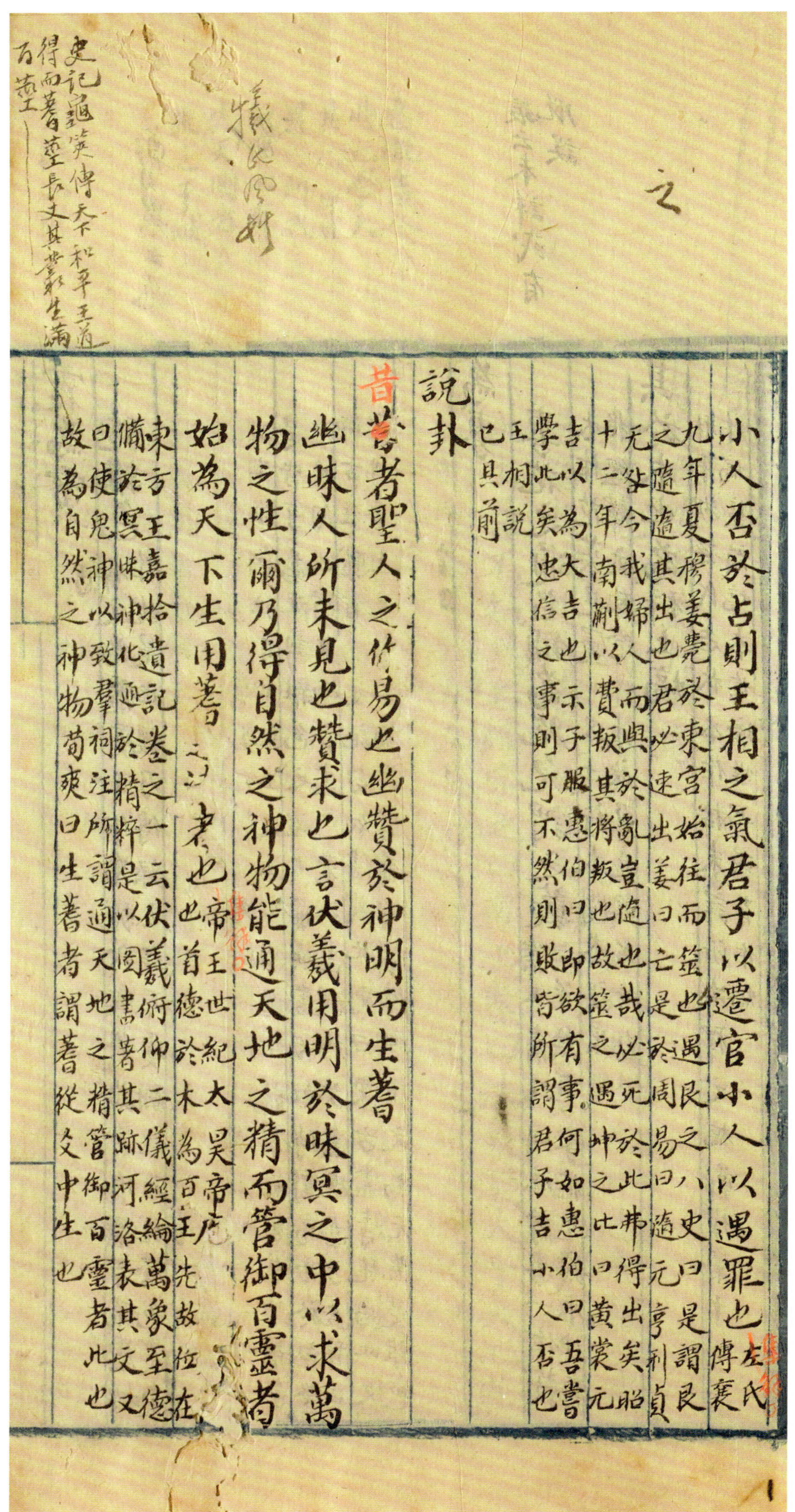

史記龜策傳天下和平王道得而蓍莖長丈其叢生滿百莖

小人否於占則王相之氣君子以遷官小人以遇罪也左氏傳襄九年夏穆姜薨於東宮始往而筮之遇艮之八史曰是謂艮之隨隨其出也君必速出姜曰亡是於周易曰隨元亨利貞无咎今我婦人而與於亂豈隨也哉必死於此弗得出矣昭十二年南蒯以費叛其將叛也故筮之遇坤之比曰黃裳元吉以為大吉也示子服惠伯曰即欲有事何如惠伯曰吾嘗學此矣忠信之事則可不然則敗皆所謂君子吉小人否也

王相說已具前

說卦

昔者聖人之作易也幽贊於神明而生蓍幽昧人所未見也贊求也言伏羲用明於昧冥之中以求萬物之性爾乃得自然之神物能通天地之精而管御百靈者始為天下生用蓍之者也帝王世紀太昊帝庖也首德於木為百王先故位在東方王嘉拾遺記卷之一云伏羲俯仰二儀經綸萬象至德備於冥昧神化通於精粹是以圖書著其跡河洛表其文又曰使鬼神以致羣祠注所謂通天地之精管御百靈者此也故為自然之神物荀爽曰生蓍者謂蓍從爻中生也

鄭司農云龍

不謂

張云未詳或有脫誤

震為雷為駹

駹雜色釋文為龍虞干作為駹六經奥論干作驪音龍愚按作駹是也驪乃傳録之誤耳虞翻注云駹蒼色震東方故為駹舊讀作龍上已為龍非也惠定宇周易古義云周禮犬人凡幾珥沈辜用駹可也注故書駹作龍杜子春云龍為[illegible]讀為駹是古駹字皆作龍讀為駹今攷犬人注駹謂純色疏為雜色牲考工記玉人上公用龍注龍當為尨尨謂雜色是皆可為注訓雜色之證又前漢書匈奴傳圍高帝於白登七日匈奴騎其西方盡白東方盡駹北方盡驪南方盡騂馬師古注駹青馬史記匈奴傳載此則曰東方盡青駹馬此又虞訓蒼色之證也兩說皆有的據但經下文為元黃是雜色此訓蒼色尤見一句包一義之妙似宜從虞說為允

為旉

旉花之通名鋪為花皃謂之藪案王肅注同注首旉一作藪一并無旉字花皃錢本神廟本作花菜見盧抱經釋文攷證又十行本閩本誤泉監本改朵見阮氏校勘記

其於木也為科上槁

科平湖孫氏志林本作枯未詳所出釋文槁鄭作槀干作熇集韻熇本作燥燥也或省作熇

惠徵吉令升之時元學大行而其論卓然不為異端所惑若預知後世有偽造先天圖者真聖教之干城也

為辭而賤

序卦

有天地然後萬物生焉

物有先天地而生者矣今正取始於天地天地之先聖人弗之論也故其所法象必自天地而還老子曰有物混成先天地生吾不知其名彊字之曰道上繫曰法象莫大乎天地莊子曰六合之外聖人存而不論春秋穀梁傳曰不求知所不可知者智也而今後世浮華之學彊支離道義之門求入虛誕之域以傷政害民豈非讒說殄行大舜之所疾者乎注次句正當作上無本可校姑仍之老子語見道德經象玄第二十五其原文曰字之曰道彊名之曰大此字上有彊字當是[illegible]衍老子誤脫莊子語見齊物論所引穀梁傳係隱三年春[illegible]月己已日有食之傳文其原文曰其不言食之者何也知其不可知智也疏謂聖人慎疑作不知之辭者智也此稍異其文古人引書或止取義足不必斤斤然不易一字也又晉紀總論曰朝寡純德之士鄉乏不二之老風俗淫僻恥尚失所學者以莊老為宗而黜六經談者以虛薄之名若夫名檢是

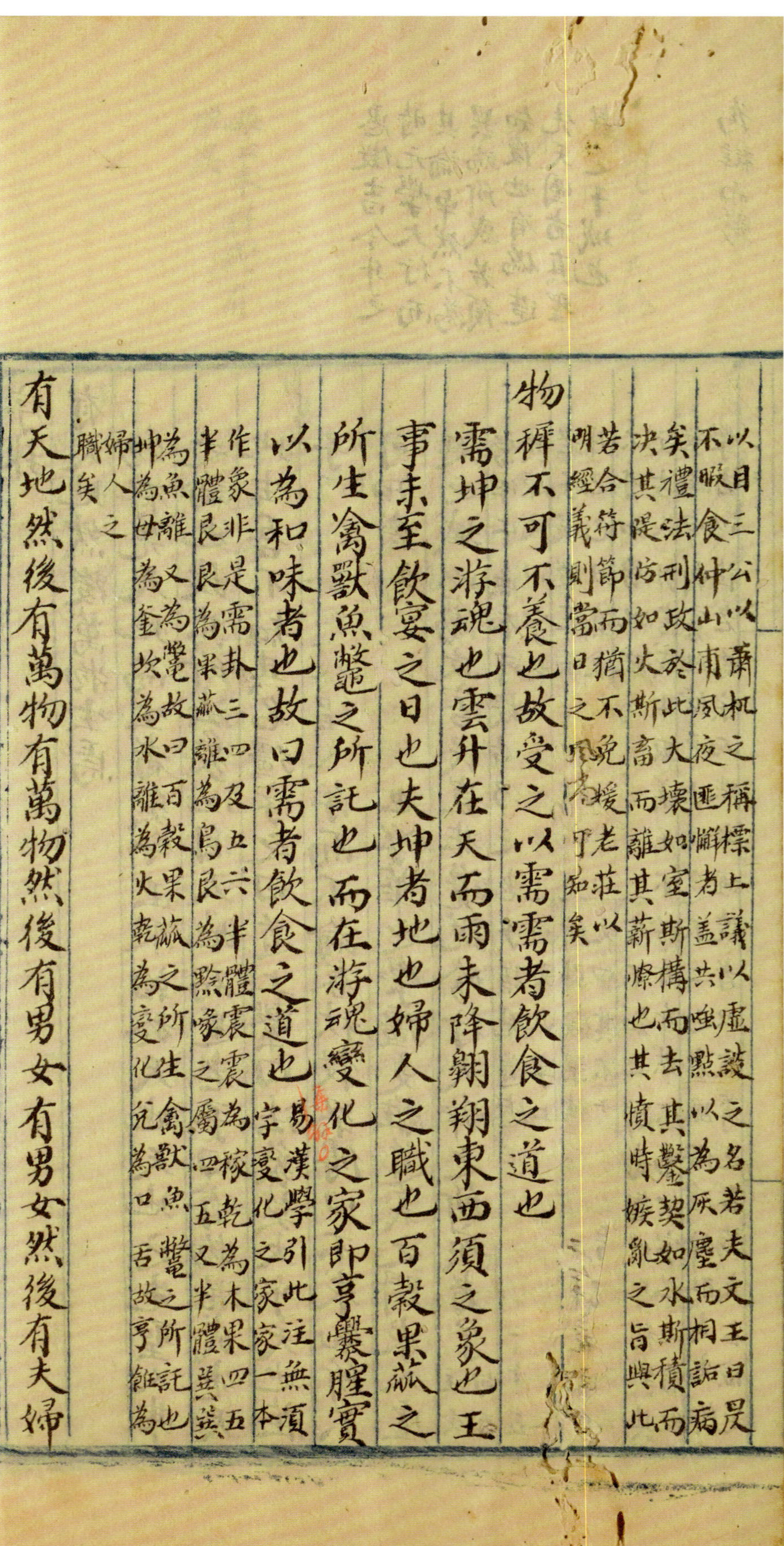

以目三公以蕭机之稱標上議以虛談之名若夫文王日昃不暇食仲山甫夙夜匪懈者蓋共嗤點以爲灰塵而相詬病矣禮法刑政於此大壞如室斯構而去其鑿契如水斯積而決其隄防如火斯畜而離其薪燎也其憤時嫉亂之旨與此若合符節而猶不免援老莊以明經義則當日之風尚可知矣

物稱不可不養也故受之以需需者飲食之道也

需坤之游魂也雲升在天而雨未降翱翔東西須之象也王事未至飲宴之日也夫坤者地也婦人之職也百穀果蓏之所生禽獸魚鼈之所託也而在游魂變化之家即享爨腥實以爲和味者也故曰需者飲食之道也易漢學引此注無須字變化之家家一本作象非是需卦三四及五六半體震震爲稼乾爲木果四五半體艮艮爲果蓏離爲鳥艮爲黔喙之屬四五又半體巽巽爲魚離又爲鼈故曰百穀果蓏之所生禽獸魚鼈之所託也坤爲母爲釜坎爲水離爲火乾爲變化兌爲口舌故享飪爲婦人之職矣

有天地然後有萬物有萬物然後有男女有男女然後有夫婦

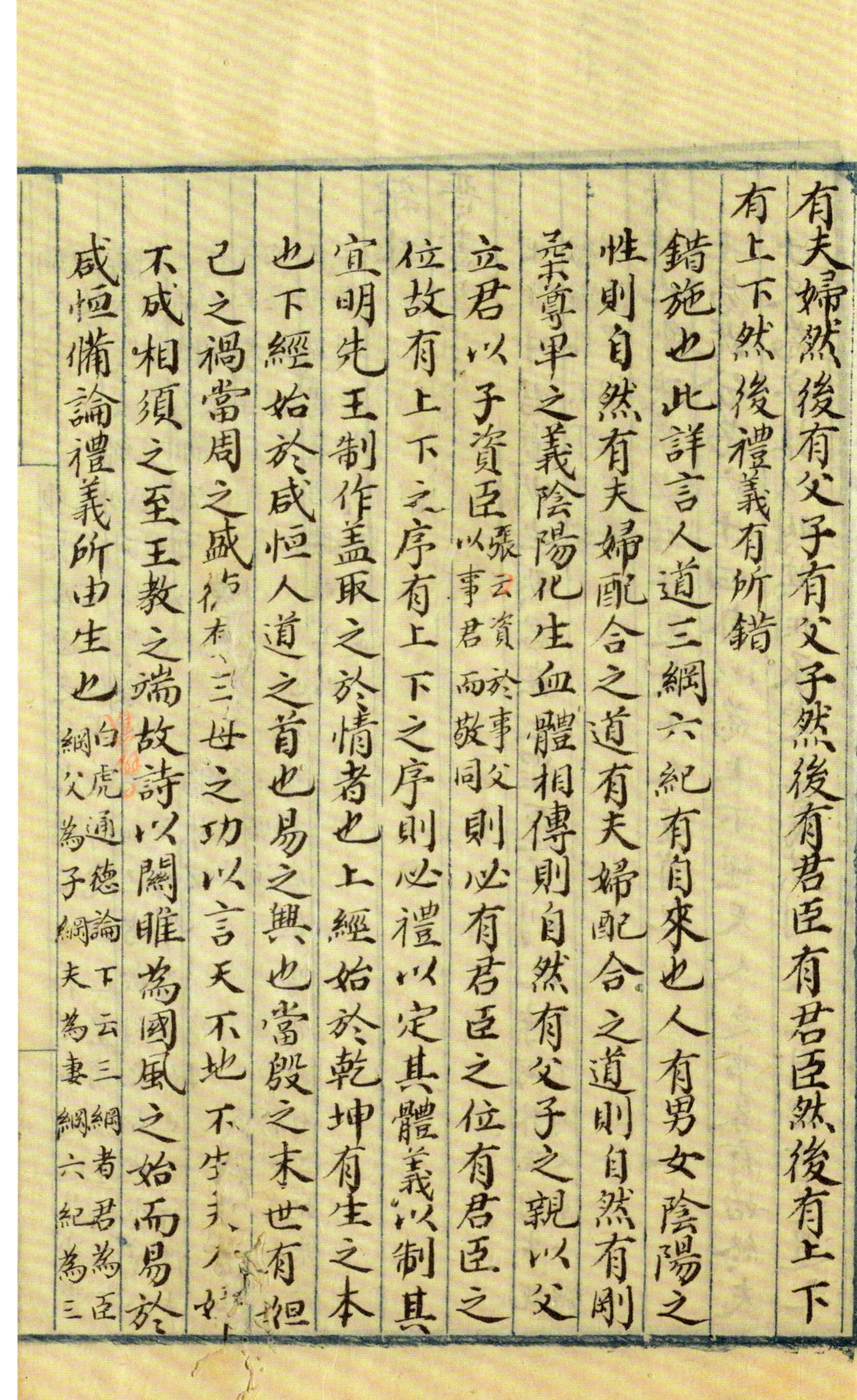

有夫婦然後有父子有父子然後有君臣有君臣然後有上下
有上下然後禮義有所錯
錯施也此詳言人道三綱六紀有自來也人有男女陰陽之
性則自然有夫婦配合之道有夫婦配合之道則自然有剛
柔尊卑之義陰陽化生血體相傳則自然有父子之親以父
立君以子資臣張云資於事父以事君而敬同則必有君臣之位有君臣之
位故有上下之序有上下之序則必禮以定其體義以制其
宜明先王制作蓋取之於情者也上經始於乾坤有生之本
也下經始於咸恒人道之首也易之興也當殷之末世有妲
己之禍當周之盛衍本三母之功以言天不地不生夫不婦
不成相須之至王教之端故詩以關雎爲國風之始而易於
咸恒備論禮義所由生也白虎通德論下云三綱者君爲臣綱父爲子綱夫爲妻綱六紀爲三

綱之紀者也師長君臣之紀也諸父兄弟父子之紀也諸舅朋友夫婦之紀也史記殷本紀紂愛妲己皇甫謐注妲己有蘇氏美女劉向列女孽嬖傳云妲己者殷紂之妃也嬖幸於紂紂好酒淫樂不離妲己妲己之所舉貴之妲己之所憎誅之積糟為邱流酒為池懸肉為林使人裸形相逐其間為長夜之飲妲己好之亦見列女傳又後漢和熹鄧皇后紀云上考詩書有虞二妃周室三母注三母謂后稷母姜嫄文王母太任武王母太姒也故晉書后妃傳贊亦有二妃光舜三母翼周之語關雎上以字平湖孫本作於非是

雜卦

晉晝也明夷誅也

日上中君道明也明君在上罪惡必刑也案兩卦注用串說刑平湖又是一體

緣雜卦不可以常以常理物也作罰

夬決也剛決柔也君子道長小人道消也

凡易既分為六十四卦以為上下經天人之事各有始終夫子又為序卦以明其相承受之義然則文王周公所遭遇之

裁之下張本有者字以夬作以決

運武王成王所先後之政蒼精受命短長之期備於此矣而夫子又重為雜卦以易其次第雜卦之末又改其例不以兩卦反覆相酬者以示來聖後王明道非常道事非常事也化而裁之存乎變是以終之以夬言能決斷其中唯陽德之主也故曰易窮則變通則久總而觀之伏羲黃帝皆繫世象賢欲使天下世有常君也而堯舜禪代非黃農之化朱均頑也湯武逆取非唐虞之迹桀紂之不君也伊尹廢立非從順之節使太甲思愆也周公攝政非湯武之典成王幼年也凡此皆聖賢所遭遇異時者也夏政尚忠忠之弊野故殷自野以教敬敬之弊鬼故周自鬼以教文文之弊薄故春秋閥諸三代而損益之顏回問為邦子曰行夏之時乘殷之輅服周之冕弟子問政者數矣而夫子不與言三代損益以非其任也

回則備言王者之佐伊尹之人也故夫子及之焉是以聖人之於天下也同不是異不非百世以俟聖人而不惑一以貫之矣

案蒼精受命短長之期備於易者蒼精為震震木數三故卜世三十天之配震而立之數故卜年七百也伏羲已見前伏羲後有女媧氏女媧氏沒其後有大庭氏柏皇氏中央氏栗陸氏驪連氏赫胥氏尊盧氏祝融氏混沌氏昊英氏有巢氏葛天氏陰康氏朱襄氏無懷氏凡十五世皆襲庖犧之號帝王世紀神農氏姜姓也以火承木位在南方主夏故謂之炎帝在位百二十年而崩至榆罔凡八世合五百三十年黃帝少典之子姬姓也居軒轅之邱因以為名以土德王在位百年而崩壽百有十歲傳帝顓頊高陽氏帝嚳高辛氏及帝摯以至於堯堯以下皆見尚書不贅述夏政尚忠云云者史記漢高帝紀贊曰夏之政忠忠之敝小人以野故殷人承之以敬敬之敝小人以鬼故周人承之以文文之敝小人以僿故救僿莫若以忠三王之道若循環終而復始徐廣注僿一作薄鄭康成云薄苟習文法無悃誠也又按衛元嵩三易異同論云夫尚質則人淳人淳則俗朴朴之失其弊也惷尚文則人和人和則俗順順之失其弊也諂諂則變之以質惷則變之以文亦猶寬以濟猛猛以濟寬此聖人之用心也所以論易窮則變變則通之義見李江元包經傳注一與注意正同欲使天下世有常君也及回則備言句陽湖孫氏集解無世字言字

干常侍易注集證

瑞安雪齋方成珪纂輯

易乾鑿度

孔子曰易無形畔易變而為一一變而為七七變而為九九者氣變之究也乃復變而為一一者形變之始清輕者上為天濁重者下為地物有始有壯有究故三畫而成乾乾坤相並俱生物有陰陽因而重之故六畫而成卦三畫已下為地四畫已上為天物感以動類相應也易氣從下生動於地之下則應於天之下動於地之中則應於天之中動於地之上則應於天之上初以四二以五三以上此之謂應按此即世應之說所自昉也初為元士二為大夫三為三公四為諸侯五為天子上為宗廟陰陽失位皆為不正鄭康成注初六陰不正九二陽不正乾陽也坤陰也並治而交錯

行乾貞於十一月子左行陽時六坤貞於六月未右行陰時六以奉順成其歲歲終次從於屯蒙屯蒙主歲屯為陽貞於十二月丑其爻左行以間時而治六辰蒙為陰貞於正月寅其爻右行亦間時而治六辰歲終則從其次卦（案次卦謂需訟）中孚為陽貞於十一月子小過為陰貞於六月未法於乾坤（注小過正月之卦也宜貞於寅而貞於六月非其次故言象法乾坤）歲三百六十五日四分日之一以卦用事一卦六爻爻一日凡六日初用事一日天王諸侯也二日大夫也三日卿四日三公也五日辟六日宗廟爻辭善則善凶則凶

孟氏易　喜

釋一行曰十二月卦出於孟氏章句其說易本於氣而後以人事明之（案此即干氏說易之胚胎也）

京氏易　房

京氏易傳分天地乾坤之象益之以甲乙壬癸震巽之象配庚辛坎離之象配戊己艮兌之象配丙丁八卦分陰陽六位配五行光明四通俲易立節京氏易傳引孔子曰易有四易一世二世爲地易三世四世爲人易五世八純爲天易案八純舊作六世惠定宇易漢學云俗本作六世訛游魂歸魂爲鬼易

京氏易積筭法曰寅中有生火孟康曰南方火火生於寅盛於午亥中有生木東方木木生於亥盛於卯巳中有生金西方金金生於巳盛於酉申中有生水北方水水生於申盛於子詩緯含神霧曰集微揆著上統元皇下序四始羅列五際汎歷樞曰午亥之際爲革命卯酉之際爲改正辰在天門出入候聽亥水始也寅木始也巳火始也申金始也丑中有死金孟康曰丑金窮也戌中有死火戌火窮也未中有死木未木窮也辰中有死水辰水窮也土兼於中

孟康曰分卦直日之法一爻主一日六十四卦爲三百六十日餘四卦震離坎兌爲方伯監司之官所以用震離兌坎者是二

至二分用事之日又是四時各專王之氣各卦主一時各以其日觀其善惡也案此見前漢書京房傳注震離兌坎為方伯各主一時者謂四卦分主二十四節氣也詳見後

四正卦爻氣圖

八卦六位圖出火珠林

乾屬金　壬戌土　壬申金　壬午火　甲辰土　甲寅木　甲子水

李淳風曰乾主甲子壬午甲為陽日之始壬為陽日之終子為陽辰之始午為陽辰之終初爻在子四爻在午乾主陽內子為始外午為終也

坤屬土　癸酉金　癸亥水　癸丑土　乙卯木　乙巳火　乙未土

李淳風曰坤主乙未癸丑乙為陰之始癸為陰之終丑為陰長之始未為陰長之終坤初爻在未四爻在丑坤主陰故內主未而外主丑也

震屬木　庚戌土　庚申金　庚午火　庚辰土　庚寅木　庚子水

李淳風曰震主庚子庚午震爲長男即乾之初九甲對於庚故震主庚以父授子故主子午與父同也

巽屬木　辛卯木　辛巳火　辛未土　辛酉金　辛亥水　辛丑土

李淳風曰巽主辛丑辛未巽爲長女即坤之初六乙與辛對故巽主辛以母授女故主丑未同於母也

坎屬水　戊子水　戊戌土　戊申金　戊午火　戊辰土　戊寅木

李淳風曰坎主戊寅戊申坎爲中男故主於中辰

離屬火　己巳火　己未土　己酉金　己亥水　己丑土　己卯木

李淳風曰離主己卯己酉離爲中女亦〔故〕亦主於中辰

艮屬土　丙寅木　丙子水　丙戌土　丙申金　丙午火　丙辰土

李淳風曰艮主丙辰丙戌艮爲少男乾上爻主壬對丙用丙

辰丙戌是第五配

兑屬金・丁未土　丁酉金　丁亥水　丁丑土　丁卯木　丁巳火

李淯風曰兑主丁巳丁亥兑爲少女坤上爻主癸對丁用丁巳丁亥乃第六配

惠定宇曰右圖見周易六十四卦火珠林即納甲法也抱朴子曰玉策記及開名經皆以五音六屬知人年命之所在子午屬庚丑未屬辛寅申屬戊卯酉屬己辰戌屬丙巳亥屬丁原注震初爻庚子庚午巽初爻辛丑辛未坎初爻戊寅戊申離初爻己卯己酉艮初爻丙辰丙戌兑初爻丁巳丁亥也案玉策記開名經皆周秦時書京氏之説本之焦氏焦氏又得之周秦以來先師之所傳不始於漢也

項安世曰京氏易法只用八卦爲本得本卦者皆以上爲世爻得歸魂卦者只以三爲世爻亦因下體復得本卦而三在本卦爲上也其餘六卦皆以所變之爻爲世世之對爲應凡其所謂變者非以九六變也皆自八純卦積而上之知其爲某爻之所

變耳如乾本卦上九爲世九三爲應乾初變姤爲一世卦初六爲世九四爲應再變遯爲二世卦六二爲世九五爲應三變否爲三世卦六三爲世上九爲應四變觀爲四世卦六四爲世初六爲應五變剥爲五世卦六五爲世六二爲應剥之四復變爲晋謂之游魂卦九四爲世初六爲應晋下卦皆變爲大有坤復歸乾謂之歸魂卦九三爲世上九爲應餘倣此　又曰京房於世爻用飛伏法凡卦見者爲飛不見者爲伏其在八卦上以相反者爲伏乾見伏坤之類皆以全體相反至八卦所變世卦則不然自一世至五世同以本生純卦爲伏蓋五卦皆一卦所變至游歸二卦則又近取所從變之卦爲伏如乾一世姤下體巽飛爲巽初辛丑伏仍用乾初甲子二世遯飛爲艮二丙午伏仍用乾二甲寅之類至五世皆以本卦乾爻爲伏者也自五世

復下為游魂卦剝四變晉是艮變離飛為離四己酉伏為艮四丙戌矣又下為歸魂卦晉下三爻變為大有自坤變乾故飛為乾三甲辰伏為坤三乙卯矣二卦皆近即所變之卦不用本生純卦也餘卦倣此案項平甫說見經義考論京氏世應飛伏之學更無有詳明於此者因并錄胡雙湖世卦起月例不揣冒昧兼為八宮世卦圖以備參覽焉

世卦起月例

胡一桂京易起月例曰一世卦陰主五月一陰在午也陽主十一月一陽在子也二世卦陰主六月二陰在未也陽主十二月二陽在丑也三世卦陰主七月三陰在申也陽主正月三陽在寅也四世卦陰主八月四陰在酉也陽主二月四陽在卯也五世卦陰主九月五陰在戌也陽主三月五陽在辰也八純上世陰主十月六陰在亥也陽主四月六陽在巳也游魂四世所主

與四世卦同歸魂三世所主與三世卦同（案此條易漢學載之）

八宮世卦圖

乾宮	䷀	乾下乾上	上九爲世飛乾上壬戌伏坤上乙酉
一世姤	䷫	巽下乾上	飛巽初辛丑伏乾初甲子
二世遯	䷠	艮下乾上	飛艮二丙午伏乾二甲寅
三世否	䷋	坤下乾上	飛坤三乙卯伏乾三甲辰
四世觀	䷓	坤下巽上	飛巽四辛未伏乾四壬午
五世剝	䷖	坤下艮上	飛艮五丙子伏乾五壬申
游魂晉	䷢	坤下離上	飛離四己酉伏艮四丙戌
歸魂大有	䷍	乾下離上	飛乾三甲辰伏坤三乙卯

張行成曰若上九變遂成純坤無復乾性矣乾之世爻上九不變九返於四而成離則明出地上陽道復行故游魂

爲晉歸魂於大有，則乾體復於下矣。

震宫　䷲震下震上　上六爲世，飛震上庚戌，伏巽上辛卯

一世豫　䷏坤下震上　飛坤初乙未，伏震初庚子

二世解　䷧坎下震上　飛坎二戊辰，伏震二庚寅

三世恒　䷟巽下震上　飛巽三辛酉，伏震三庚辰

四世升　䷭巽下坤上　飛坤四癸丑，伏震四庚午

五世井　䷯巽下坎上　飛坎五戊戌，伏震五庚申

游魂大過　䷛巽下兑上　飛兑四丁亥，伏坎四戊申

歸魂隨　䷐震下兑上　飛震三庚辰，伏巽三辛酉

坎宫　䷜坎下坎上　上六爲世，飛坎上戊子，伏離上己巳

一世節　䷻兑下坎上　飛兑初丁巳，伏坎初戊寅

一世屯　䷂震下坎上　飛震二庚寅，伏坎二戊辰

三世既濟 ䷾ 離下坎上 飛離三己亥伏坎三戊午

四世革 ䷰ 離下兑上 飛兑四丁亥伏坎四戊申

五世豐 ䷶ 離下震上 飛震五庚申伏坎五戊戌

游魂明夷 ䷣ 離下坤上 飛坤四癸丑伏震四庚午

歸魂師 ䷆ 坎下坤上 飛坎三戊午伏離三己亥

艮宫 ䷳ 艮下艮上 上九為世飛艮上丙寅伏兑上丁未

一世賁 ䷕ 離下艮上 飛離初己卯伏艮初丙辰

二世大畜 ䷙ 乾下艮上 飛乾二甲寅伏艮二丙午

三世損 ䷨ 兑下艮上 飛兑三丁丑伏艮三丙申

四世睽 ䷥ 兑下離上 飛離四己酉伏艮四丙戌

五世履 ䷉ 兑下乾上 飛乾五壬申伏艮五丙子

游魂中孚 ䷼ 兑下巽上 飛巽四辛未伏乾四壬午

歸魂漸 ䷴ 艮下巽上 飛艮三丙申伏兑三丁丑

坤宫 ䷁ 坤下坤上 上六爲世飛坤上癸酉伏乾上壬戌

一世復 ䷗ 震下坤上 飛震初庚子伏坤初乙未

二世臨 ䷒ 兑下坤上 飛兑二丁卯伏坤二乙巳

三世泰 ䷊ 乾下坤上 飛乾三甲辰伏坤三乙卯

四世大壯 ䷡ 乾下震上 飛震四庚午伏坤四癸丑

五世夬 ䷪ 乾下兑上 飛兑五丁酉伏坤五癸亥

游魂需 ䷄ 乾下坎上 飛坎四戊申伏兑四丁亥

歸魂比 ䷇ 坤下坎上 飛坤三乙卯伏乾三甲辰

張行成曰若上六變遂成純乾無復坤性矣坤之世爻上六不變六返於四而成坎則雲上於天陰道復行故游魂之卦爲需歸魂於比則坤體復於下矣

亥

巽宮 ䷸ 巽下巽上 上九爲世飛巽上辛卯伏震上庚戌

一世小畜 ䷈ 乾下巽上 飛乾初甲子伏巽初辛丑

二世家人 ䷤ 離下巽上 飛離二己丑伏巽二辛丑

三世益 ䷩ 震下巽上 飛震三庚辰伏巽三辛酉

四世无妄 ䷘ 震下乾上 飛乾四壬午伏巽四辛未

五世噬嗑 ䷔ 震下離上 飛離五己未伏巽五辛巳

游魂頤 ䷚ 震下艮上 飛艮四丙戌伏離四己酉

歸魂蠱 ䷑ 巽下艮上 飛巽三辛酉伏震三庚辰

離宮 ䷝ 離下離上 上九爲世飛離上己巳伏坎上戊子

一世旅 ䷷ 艮下離上 飛艮初丙辰伏離初己卯

二世鼎 ䷱ 巽下離上 飛巽二辛亥伏離二己丑

三世未濟 ䷿ 坎下離上 飛巽[坎]三戊午伏離三己亥

四世蒙 ䷃ 坎下艮上 飛艮四丙戌伏離四己酉
五世渙 ䷺ 坎下巽上 飛巽五辛巳伏離五己未
游魂訟 ䷅ 坎下乾上 飛乾四壬午伏巽四辛未
歸魂同人 ䷌ 離下乾上 飛離三己亥伏坎三戊午
兌宮 ䷹ 兌下兌上 上六為世飛兌上丁未伏艮上丙寅
一世困 ䷮ 坎下兌上 飛坎初戊寅伏艮上丙寅
二世萃 ䷬ 坤下兌上 飛坤二乙巳伏兌二丁卯
三世咸 ䷞ 艮下兌上 飛艮三丙申伏兌三丁丑
四世蹇 ䷦ 艮下坎上 飛坎四戊申伏兌四丁亥
五世謙 ䷎ 艮下坤上 飛坤五癸亥伏兌五丁酉
游魂小過 ䷽ 艮下震上 飛震四庚午伏坤四癸丑
歸魂歸妹 ䷵ 兌下震上 飛兌三丁丑伏艮三丙申

惠定宇曰九四為八純本爻又在上卦故曰游魂九三復歸本體在内卦故曰歸魂案此即京氏世應飛伏之法說卦巽其究為躁卦是其所祖也

王應麟曰京氏謂二至四為互體三至五為約象儀禮疏云二至四三至五兩體交互各成一卦先儒謂之互體按王伯厚說見困學紀聞

徐善曰京房以十二辟主十二月而佐以公侯卿大夫除離南坎北震東兌西分主四季餘六十卦以五卦主一月其法每爻主六日又八十分日之七三百六十五日四分日之一用中孚初爻起冬至案易緯稽覽圖甲子卦氣起中孚六日八十分日之七此孟京卦氣之說之所本也徐敬可說見經義攷

四正卦爻氣圖

常氣 月中節 四正卦	初候	次候	末候
	始卦	中卦	終卦
冬至 十一月中 坎初六	蚯蚓結	麋角解	水泉動
	公中孚	辟復	侯屯内
小寒 十二月節 坎九二	雁北鄉	鵲始巢	野雞始雊
	侯屯外	大夫謙	卿睽
大寒 十二月中 坎六三	雞始乳	鷙鳥厲疾	水澤腹堅
	公升	辟臨	侯小過
立春 正月節 坎六四	東風解凍	蟄蟲始振	魚上冰
	侯小過外	大夫蒙	卿益
雨水 正月中 坎九五	獺祭魚	鴻雁來	艸木萌動
	公漸	辟泰	侯需内

按節當作中

驚蟄 二月節 坎上六　桃始華　倉庚鳴　鷹化為鳩
侯需外　大夫隨　卿晋
春分 二月節 震初九　元鳥至　雷乃發聲　始電
公解　辟大壯　侯豫内
清明 三月節 震六二　桐始華　田鼠化為鴽　虹始見
侯豫外　大夫訟　卿蠱
穀雨 三月中 震六三　萍始生　鳴鳩拂其羽　戴勝降于桑
公革　辟夬　侯旅内
立夏 四月節 震九四　螻蟈鳴　蚯蚓出　王瓜生
侯旅外　大夫師　卿比
小滿 四月中 震六五　苦菜秀　靡艸死　小暑至
公小畜　辟乾　侯大有内

芒種五月節震上六　螳螂生　鵙始鳴　反舌無聲
侯大有外　大夫家人　卿井
夏至五月中離初九　鹿角解　蜩始鳴　半夏生
公咸　辟姤　侯鼎內
小暑六月節離六二　溫風至　蟋蟀居壁　鷹乃學習
侯鼎外　大夫豐　卿渙
大暑六月中離九三　腐艸為螢　土潤溽暑　大雨時行
公履　辟遯　侯恒內
立秋七月節離九四　涼風至　白露降　寒蟬鳴
侯恒外　大夫節　卿同人
處暑七月中離六五　鷹祭鳥　天地始肅　禾乃登
公損　辟否　侯巽內

白露八月節 離上九　鴻雁來　元鳥歸　羣鳥養羞
侯巽外　大夫萃　卿大畜
秋分八月中 兌初九　雷乃收聲　蟄蟲培户　水始涸
公賁　辟觀　侯歸妹內
寒露九月節 兌九二　鴻雁來賓　爵入大水爲蛤　鞠有黄華
侯歸妹外　大夫无妄　卿明夷
霜降九月中 兌六三　豺乃祭獸　艸木黄落　蟄蟲咸俯
公困　辟剝　侯艮內
立冬十月節 兌九四　水始氷　地始凍　野鷄入水爲蜃
侯艮外　大夫既濟　卿噬嗑
小雪十月中 兌九五　虹藏不見　天氣上騰地氣下降　閉塞而成冬
公大過　辟坤　侯未濟內

大雪十一月節兌上六　鶡鳥不鳴　虎始交　荔挺生

侯未濟外　大夫蹇　卿頤

案此即易緯是類謀所謂四正之卦卦有六爻爻主一氣者也蓋氣以生象象以定名而易之理於是乎著矣

前漢書翼奉傳奉上封事曰知下之術在於六情十二律而已北方之情好也好行貪狼申子主之孟康注水性觸地而行觸物而潤多所好故多好則貪而無厭故為貪狼也東方之情怒也怒行陰賊亥卯主之木性受水氣而生貫地而出故為怒以陰氣賊害土故為陰賊也貪狼必待陰賊而後動陰賊必待貪狼而後用二陰並行是以王者忌子卯也禮經避之春秋諱焉李奇曰北方陰也卯又陰賊故為二陰王者忌之不舉樂張晏曰子刑卯卯刑子相刑之日故以為忌南方之情惡也惡行廉貞寅午主之孟康曰火性炎猛無所加受故為惡其氣精專嚴整故為廉貞案加受之加易漢學引作容西方之情喜也喜行寬大巳酉主之金之為物喜以利刃加於萬物故為喜利

張本同易漢學作容

刃所加無不寛大故曰寛大也二陽並行是以王者吉午酉也詩曰吉日庚午上方之情樂也樂行姦邪辰未主之上方謂北與東也陽氣所萌生故為上辰窮水也未窮木也翼氏風角曰木落歸本水流歸末故木利在亥水利在辰盛衰各得其所故樂也水窮則無隙不入木上出窮則旁行故為姦邪下方之情哀也哀行公正戌丑主之下方謂南與西也陰氣所萌故為下戌窮火也丑窮金也翼氏風角曰金剛火強各歸其鄉故火刑於午金刑於酉酉午金火之盛也盛時而受刑至窮無所歸故曰哀也火性無所私金性方剛故曰公正辰未屬陰戌丑屬陽萬物各以其類應

九家易逸象

釋文荀爽九家集解本乾後更有四為龍為直為衣為言巛後有八案坤古作巛為牝為迷為方為囊為裳為黃為帛為漿震後有三為玉為鵠為鼓巽後有二為楊為鸛坎後有八為宮為律為可為棟為叢棘為狐為蒺蔾為桎梏離後有一為牝牛艮後有三為鼻為虎為狐兌後有二為常為輔頰注常西方神也

虞氏逸象

惠棟易漢學曰荀九家逸象三十有一載見陸氏釋文朱子采入本義虞仲翔傳其家五世孟氏之學八卦取象十倍於九家如乾爲王爲神爲人爲聖人爲賢人爲君子爲善人爲武人爲行人爲物爲敬爲威爲嚴爲道爲德爲性爲信爲善爲良爲愛爲忿爲生爲慶爲祥爲嘉爲福爲祿爲積善爲介福爲先爲始爲知爲大爲盈爲肥爲好爲施爲利爲清爲治爲高爲宗爲甲爲老爲舊爲古爲久爲畏爲大明爲晝爲遠爲郊爲野爲門爲大謀爲道門爲百爲歲爲朱爲頂爲圭爲蓍坤爲妣爲民爲姓爲刑人爲小人爲鬼爲尸爲形爲自爲我爲躬爲身爲至爲安爲康爲富爲財爲積爲聚爲重爲厚爲基爲致爲用爲包爲寡爲徐爲營爲下爲裕爲虚爲書爲永爲邇爲近爲思爲默爲惡

為禮為義為事為類為閉為密為恥為欲為過為醜為惡為怨
為害為終為死為喪為殺為亂為喪期為積惡為冥為晦為夜
為暑為乙為年為十年為盍為戶為闔戶為庶政為大業為土
為田為邑為國為邦為大邦為鬼方為器為缶為輻為虎為黃
牛震為帝為主為諸侯為人為行人為士為凡為夫為元夫為
行為征為出為逐為作為興為奔為奔走為驚衛為百為言為
講為議為問為語為告為響為音為應為交為懲為反為後為
世為從為守為左為生為緩為寬仁為樂為笑為大笑為陵為
祭為鬯 為草莽為百穀為麋鹿為筐為趾坎為雲為玄雲為大
川為志為謀為惕為疑為恤為逖為悔為涕洟為疾為災為破
為罪為悖為欲為淫為獄為暴為毒為虛為瀆為孚為平為則
為經為法為蔡為聚為習為美為後為入為納為臀為要為膏

為陰夜為三歲為酒為兎為校為弧為弓彈為穿木艮為弟為小子為賢人為童為童僕為官為友為道為時為小狐為狼為碩為碩果為慎為順為待為執為多為厚為求為篤實為穴居為城為宮為庭為廬為牖為居為舍為宗廟為社稷為星為斗為沬為肱為背為尾為皮巽為命為誥為號為商為隨為處為歸為利為同為交為白茅為草莽為草木為薪為帛為墉為牀為桑為蛇為魚離為黄為見為飛為明為光為甲為孕為戎為刀為斧為資斧為矢為黄矢為罔為鶴為鳥為飛鳥為甕為瓶兌為友為朋為刑為刑人為小為密為見為右為少知以上取象共三百二十六乾六十二坤八十二震五十坎四十六艮三十八巽二十離十九兌九雖大略本諸經然其授受必有所自非若後世鄉壁虛造漫無根據者原注又說卦異同者五震為旉旉作專為反生反作阪巽為廣顙廣顙作黄桑艮為指為狗狗作拘兌為羊羊作羔

案張皋聞所纂周易虞氏義乾下又有爲先王爲明君爲大人爲易爲立爲直爲堅剛爲盛德爲行爲精爲言爲揚善爲仁爲天休爲茂爲揚爲族爲高宗爲衣爲瓜爲龍又爲祥作爲詳無爲善人爲父爲晝（計增二十一減三共八十）坤下又有爲臣爲順臣爲萬民爲邑人爲牝爲母爲莘爲容爲疆爲无疆爲理爲體爲業爲俗爲度爲藏積爲迷爲弑父爲過惡爲永終爲敝爲窮爲夕爲莫夜爲義門爲閉關爲積土爲階爲萬國爲異邦爲方爲裳爲紱爲車爲囊爲兕爲牝牛又爲輻作爲輹無爲妣爲刑人爲尸爲基爲永爲醜下爲惡（善惡之惡）爲殺爲喪期爲夜（計增三十七減九共一百十）震下又有爲驚走爲定爲聲爲鳴爲常爲喜笑爲笑言爲道爲禾稼爲鼓爲馬又爲講作爲講論爲響作爲嚮爲懲作爲徵爲世作爲後無爲行人爲興爲奔爲

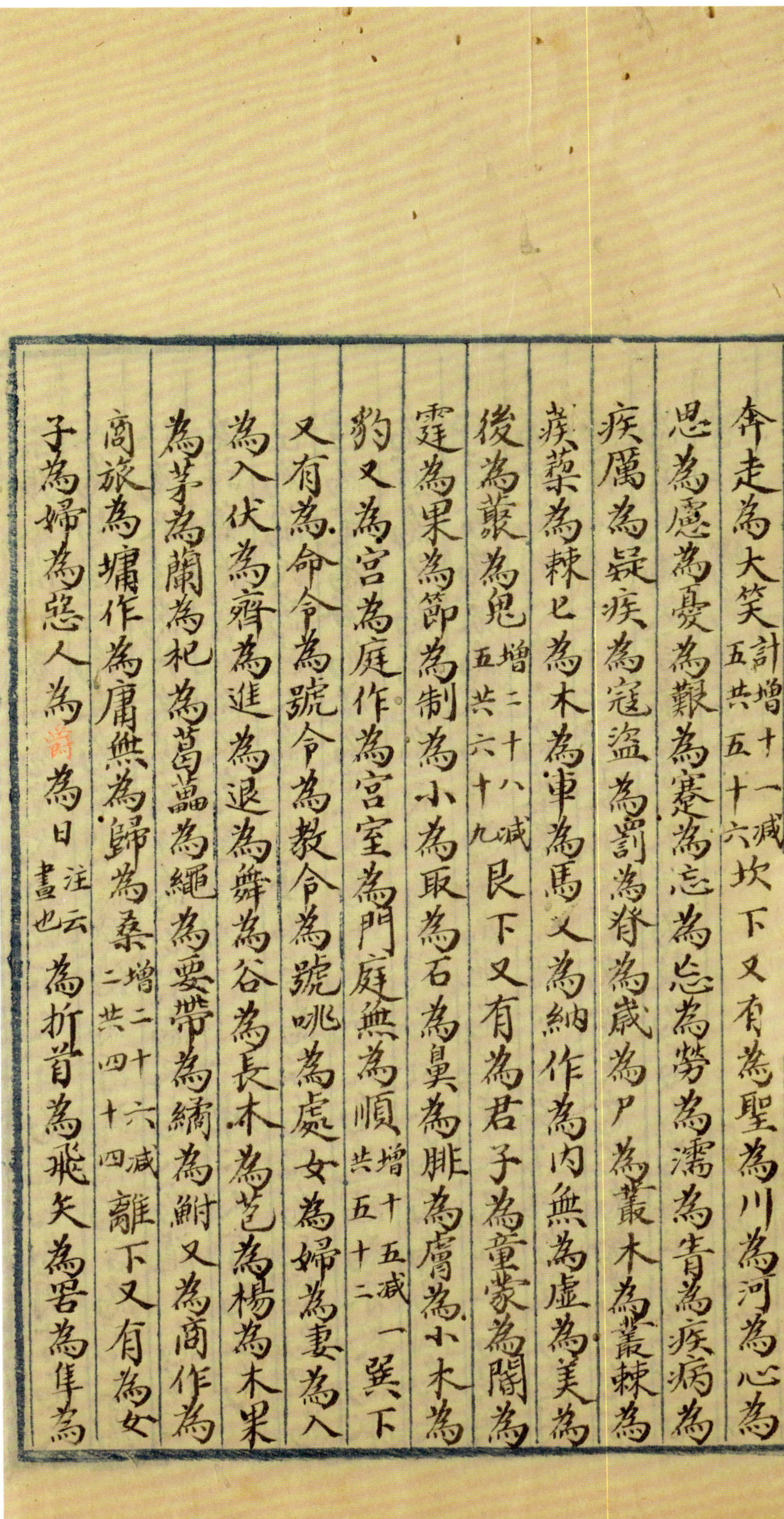
奔走為大笑 計增十一減五共五十六 坎下又有為聖為川為河為心為思為慮為憂為艱為蹇為忘為怠為勞為濡為青為疾病為疾厲為疑疾為寇盜為罰為脊為歲為尸為叢木為叢棘為蒺藜為棘匕為木為車為馬又為納作為內無為虛為美為後為蔽為鬼 增二十八減五共六十九 艮下又有為君子為童蒙為閽為霆為果為節為制為小為取為石為臭為腓為膚為小木為豹又為宮為庭作為宮室為門庭無為順 增十五減一共五十二 巽下又有為命令為號令為教令為號咷為處女為婦為妻為入為入伏為齊為進為退為舞為谷為長木為苞為楊為木果為茅為蘭為杞為葛藟為繩為要帶為繻為鮒又為商作為商旅為墉作為庸無為歸為桑 增二十六減二共四十四 離下又有為女子為婦為惡人為爵為日 注云晝也 為折首為飛矢為罟為隼為

鴻增二十九共兌下又有為妹為妻為講習為少為通為下為契

增二共十一

庚（三日震象出庚）　辛（十六日巽象退辛）

八

卦　丁（八日兌象見丁）　坎戊月精　三十日壬　此圖惠徵士

之　丙（二十三日艮象消丙）　離己日光　癸（月會於壬　滅藏於癸）　所作

數

乙（三十日坤象消乙）　甲（十五日乾象盈甲）

於下缺三字

易漢學坎離日月也戊己中土也晦夕朔旦坎象流戊日中則
離離象就己三十日會於壬三日出於庚八日見於丁十五日
盈於甲十六日退於辛二十三日消於丙二十九日窮於乙滅
於癸乾息坤成震三日之象兑八日之象十五日而乾體成坤
消乾成巽十六日也艮二十三日也二十九日而坤體就出庚
見丁者指月之盈虚而言非八卦之定體也甲乾乙坤相得合
木故甲乙在東丙艮丁兑相得合火故丙丁在南戊坎己離相
得合土故戊己居中庚震辛巽相得合金故庚辛在西天壬地
水相得合水故壬癸在北案退辛滅癸之日與前圖微有不同者此約計其□□□數圖則精析於□□□

泰 初九 正月寅 陽　九二 二月卯 陽　九三 三月辰 陽
六四 四月巳 陰　六五 五月午 陰　上六 六月未 陰

否 初六 七月申 陰　六二 八月酉 陰　六三 九月戌 陰

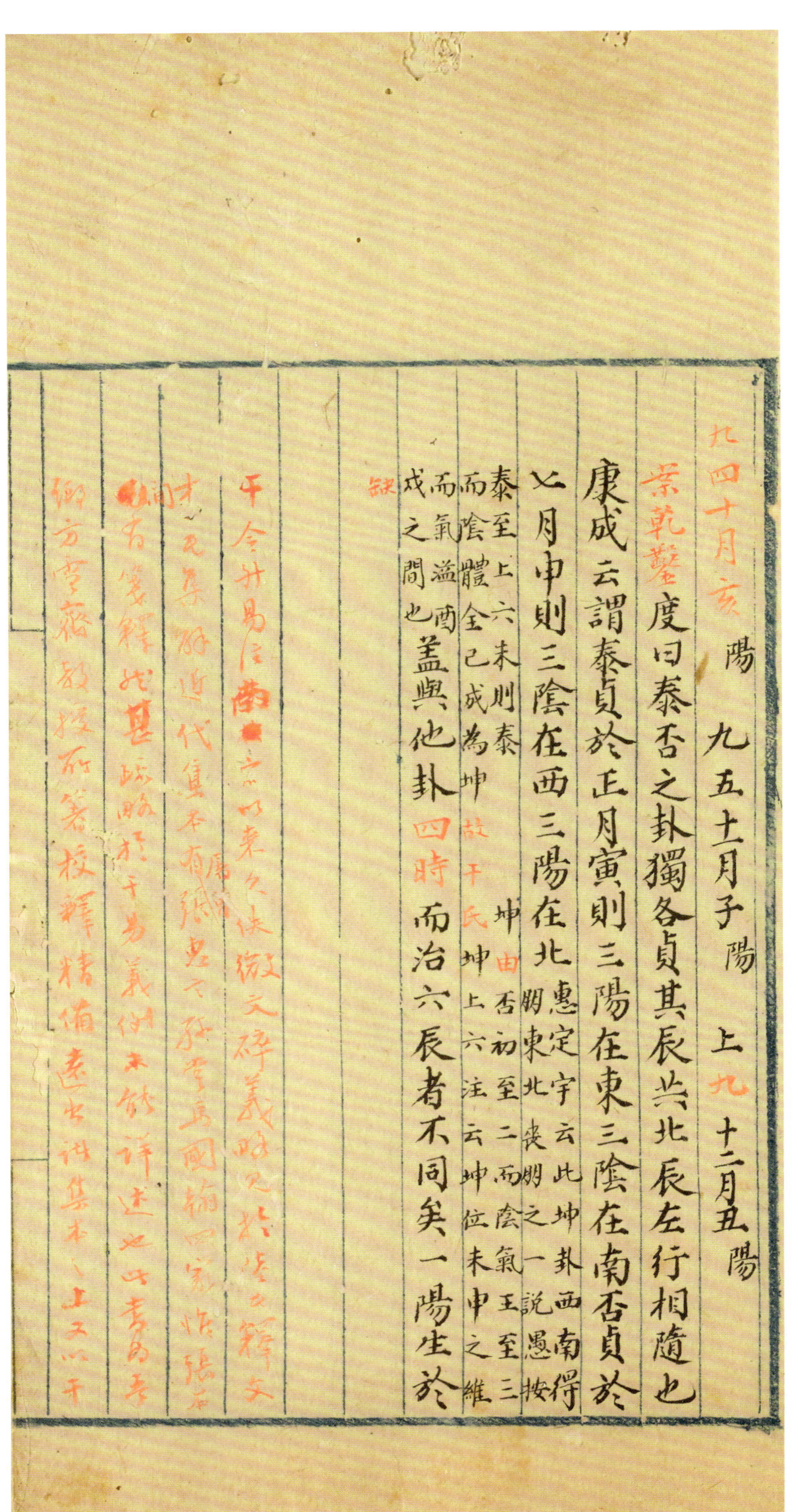
九四十月亥　陽　九五十一月子　陽　上九十二月丑　陽

景乾鑿度曰泰否之卦獨各貞其辰共北辰左行相隨也

康成云謂泰貞於正月寅則三陽在東三陰在南否貞於

七月申則三陰在西三陽在北惠定宇云此坤卦西南得朋東北喪朋之一說愚按

泰至上六未則泰而陰體全已成爲坤　坤由否初至二而陰氣王至三故干氏坤上六注云坤位未申之維而氣溢酉戌之間也　蓋與他卦四時而治六辰者不同矣一陽生於

鈌

干令升易注南宋以來久佚，僅見於陸氏釋文

李氏集解，近代集本有唐張惠言孫堂馬國翰四家，惟張本

亦間有箋釋，然甚疏略，於干易義例未能詳述也。此書爲吾

鄉方雪齋教授所著，校釋精備，遠出諸集本之上。又以干

易義本孟京，此以京例校干注，符合則為集證一卷，以廣

其義。干寶節之，因此以見其概矣。葉本藏教授曾孫中矩

所，余從假得別錄四此冊，葉本宋墨缺互未為定本，今

以是宗校理董之。集證尾葉殘爛，文缺未敢以補，仍其舊。

光緒辛巳冬，校成記之。邑後學孫詒讓